La Politización del DINERO

El porqué de la crisis económica

Ricardo Beleta Guasch

ÍNDICE

PRESENTACIÓN

La crisis económica ha llegado paralela a la crisis política. Los bonos basura corresponden a las democracias basura, y los financieros corruptos a los políticos corruptos. El actual sistema de representación política —venal, rapaz e ineficiente— ha llevado al desempleo, a la miseria y a la desesperación a medio mundo. La política es la principal causante de la crisis.

Gasto público desbocado, impuestos a tope, e inflación crónica, son las consecuencias de la "democracia de masas" y de la revolución política, social y económica que ésta ha traído.

De aquella democracia liberal de los siglos XVIII y XIX, con su sistema de soberanía del individuo y control del gobierno por la población, se ha pasado a un sistema que concentra todo el poder en manos del Estado, ejerciendo un **control total** sobre los individuos, empobreciéndolos a todos.

Por el contrario, el capitalismo de las antiguas democracias liberales, con su economía de libre mercado, favoreció un aumento sin precedentes del bienestar de todas las clases sociales, promoviendo un progreso inigualado. Sin embargo, todo ha cambiado. Ahora, las masas exigen ingresos mínimos garantizados, subvenciones, subsidios, ayudas, asistencia sanitaria sin límite, educación gratuita, becas, vivienda asequible a base de crédito muy barato, ocio y "culturilla" garantizados, más un largo etcétera; es decir, exigen un Estado **asistencial total**. Y todas estas exigencias desembocan, <u>necesariamente</u>, en una legislación cada vez más restrictiva y en unos impuestos cada vez más altos que, en última instancia, sólo tienen una consecuencia: el expolio de toda la riqueza que el pueblo ha ido ahorrando, de poco a poco, reduciendo, con ello, su capacidad inversora, su capacidad productiva, y su eficiencia. El Estado se ha hecho con todos los recursos de la Sociedad.

No nos engañemos: la actual crisis económica y financiera no es la crisis del capitalismo. Es la crisis de un sistema alejado de sus valores fundamentales, al que se ha traicionado. Nuestro enemigo no es el capitalismo, sino el anticapitalismo disfrazado de pseudo-capitalismo.

El desprecio a toda referencia ética y a todo valor moral ha preparado el terreno a este "todo vale" sin escrúpulos. Se confunde el bien con el mal, lo verdadero con lo falso, lo que cuela con lo que no cuela. Todo está permitido, y "dos y dos" ya no son cuatro, sino seis, ocho, veinte, o lo que políticamente convenga, para hacer ver al electorado que se puede ser rico sin esforzarse.

Sin embargo, el capitalismo sólo puede funcionar con "cuentas claras y honestas", y con unos valores consagrados e indiscutibles, como el ahorro, el duro trabajo y la honestidad. Es decir, con jueces incorruptibles, con funcionarios íntegros al servicio de la Sociedad, con maestros consagrados a su vocación, con obreros y patronos con un mínimo de conciencia profesional, con trabajo bien hecho, con espíritu de abnegación y sacrificio.

Por el contrario, ahora vivimos en una sociedad donde sólo cuenta la cantidad de dinero que uno puede embolsarse, poco importa cómo sea. El empresario clásico es sustituido por una burocracia empresarial. Y en cuanto al dinero, las especulaciones, en inmobiliaria o en bolsa, las OPA y las operaciones financieras reportan mucho más que cualquier actividad empresarial.

En realidad, el capital, muy mermado ahora, ya no cree en la empresa ni en su uso productivo, sino únicamente en su uso "político" y especulativo.

¿Qué podemos esperar de todo esto?

Ante esta escandalosa situación, uno se pregunta: ¿dónde están las protestas de los pretendidos "protectores" de la justicia social? ¿Por qué, ya no sólo los representantes del pueblo, sino incluso los comentaristas sociales, los sindicatos o los organismos religiosos, es decir, todos <u>los que tienen el bienestar general como su "misión"</u>, permanecen en silencio? ¿Por qué callan o, como máximo, nos dicen que la cosa se está recuperando?

O porque no tienen ni idea del porqué de nuestro fracaso socio-económico, y no saben qué decir (lo más probable), o callan, porque ellos son precisamente los únicos beneficiarios del "sistema" actual (lo más seguro)

Me permito, pues, escribir este libro porque ya es tiempo que, uno de los últimos independientes que quedan, explique a sus conciudadanos, de una manera clara y sencilla, el porqué de todos nuestros males y el futuro que nos espera, a menos que, los no privilegiados del sistema, reaccionemos.

I

PROSPERIDAD

La idea de "riqueza" es más afín a nuestro modo de entender el bienestar, que la idea de "prosperidad". En realidad, esta palabra no nos viene a la mente; el vocablo es ajeno a nuestro lenguaje habitual. Sólo lo utilizamos de manera formal para felicitarnos el Año Nuevo. Puestos a escoger, preferimos ser ricos que prósperos.

Sin embargo, no es lo mismo riqueza que prosperidad. La riqueza es una situación final, mientras que la prosperidad es el *proceso* que conduce a ésta.

Esto no quiere decir que, a veces, no ocurra así. Es posible haber nacido rico o convertirse en rico sin pasar por la prosperidad. Una herencia o un golpe de suerte nos pueden enriquecer de repente.

En cambio, no se puede ser próspero de un día para otro.

Por tanto, la palabra "prosperidad", además de sugerirnos la idea de progreso, también nos remite a la idea de un plan, de un proyecto, de una empresa, y al esfuerzo cotidiano para realizarlo.

Sin embargo, esta no es la situación actual en Occidente. Hace ya mucho tiempo que no sabemos adonde vamos; por lo que hemos dejado de ser "prósperos". De hecho, nuestra riqueza, la de los llamados países desarrollados, tiene que ver más con la historia económica de Occidente que con nuestra actual capacidad para ser prósperos. Nos consideramos ricos. Pero no somos prósperos, porque, como dijo Ortega y Gasset: *"nos hemos olvidado de aquella esencia del ayer, que tuvo la virtud de crear este mejor hoy"*.

Nos hemos olvidado de que la riqueza real es el final de un largo y tal vez inacabable camino, cuyo nombre es lo de menos, pero que está hecho de constante esfuerzo.

Y ¿cuál es este camino, del que nos hemos apartado? A este camino, la economía lo llama:

<u>¡PRODUCTIVIDAD!</u>

La productividad

La *productividad* alude a la manera más eficaz de aprovechar los recursos, de que disponemos, para alcanzar nuestros "fines", ya sean materiales o en forma de servicios.

Al logro de estos fines, la economía lo llama *consumo,* y a los medios para "prosperar", para alcanzar este fin, la economía los llama *producción.*

Hay cuatro grandes categorías de medios o *factores de producción*. Esos cuatro factores, que intervienen en cualquier proceso de producción, si son bien atendidos, son los que nos conducen a la *prosperidad*. Estos son:

1º— La *mano de obra*. Se refiere a nuestros propios esfuerzos, tanto físicos como intelectuales.

2º— La *tierra*. Se refiere a cualquier recurso natural, tal como existen en la naturaleza.

3º—El *tiempo*. Ya que una cantidad de tiempo es requerida en cualquier proceso de producción.

A estos primeros tres factores, la economía los llama los *factores originales* de la producción, ya existían antes que los hombres empezaran a producir. Así los hombres, con su ingenio y talento, sacaron partido de los productos que **ya les ofrecía la naturaleza**, siempre y cuando dedicaran suficiente **tiempo** y **esfuerzo** para obtenerlos y "transformarlos".

Junto a estos tres factores *originales* de la producción, aparecen los llamados *bienes de capital* debidos al trabajo y **ahorro** de los individuos. De manera que:

4º— Los *bienes de capital* son los producidos, no para que éstos nos traigan una inmediata satisfacción, sino para guardarlos ahora y usarlos en futuros procesos de producción.

De hecho, toda producción requiere renunciar a parte del consumo presente a favor de un consumo futuro. Además, hay que tener algún tipo de ahorro suficiente para mantenerse uno mismo hasta que la producción esté completa.

A pesar de que la economía habla de sólo tres factores originales y uno debido a la intervención humana (el 4º), creo que, desde que el hombre es hombre, ya usó "bienes de capital". Es inconcebible una actividad humana sin ellos.

Incluso, si nos situamos en una situación muy primitiva, hemos de suponer que un cazador-recolector disponía ya de algún tipo de "capital". Pues, a pesar de que podía optar por recoger con sus manos los frutos que pudiera encontrar a su alrededor, con unos instrumentos, fruto de un trabajo anterior (bienes de capital ahorrados), podía cazar con una "lanza" más eficazmente que con sus desnudas manos, o podía cultivar una parcela de tierra con más eficacia con un primitivo "arado" que haciendo hoyos con sus manos.

Ahora bien, como todos preferimos los goces presentes a los goces futuros, es necesario que la expectativa —de mayores y mejores bienes— sea lo suficiente atractiva como para inducirnos a moderarnos en nuestro consumo inmediato y esperar para recoger, en el futuro, los frutos de este ahorro.

Por esto un cazador-recolector invertía tiempo y esfuerzo en construir una lanza, una trampa, una red de pesca o un arado.

Lanzas, trampas, tractores, máquinas, fábricas, industrias, barcos, redes de comunicación, etc., son "bienes de capital". Y todos estos, son fruto de un largo proceso de esfuerzo y ahorro que requiere tiempo.

Sin embargo, una característica inevitable del capital es que se gasta y, en consecuencia, debe ser sustituido. Una economía debe ir ahorrando continuamente para mantener su capital; siempre tenemos que sacrificar algo del *consumo* actual para poder mantener el nivel de vida a que estamos acostumbrados.

Una economía como la actual, con la abundancia de bienes de capital que nos rodea, maquinaria, utillaje, infraestructuras, redes de comunicación y de transporte, etc., tiene un largo recorrido histórico de ahorro y de austeridad a sus espaldas. Todo ello ha sido el resultado de un largo proceso de producción, con muchas etapas muy productivas.

La producción requiere, pues, la convergencia de cuatro elementos: un ahorro inicial para que, con nuestro trabajo, talento y tiempo, creemos nuevas combinaciones con lo que nos ofrece la tierra.

Los agentes de la riqueza

En un sistema "capitalista", cuatro son los agentes de la riqueza:

1º— El *trabajador,* que con su esfuerzo y con sus mejores habilidades contribuye en el proceso hacia la riqueza a cambio de un *salario*

2º— El *propietario* o *capitalista* permite el uso de sus bienes a cambio de un *alquiler.* Contribuye alquilando sus bienes, ya sean herramientas, casas, instalaciones, edificios, etc., a cambio de una *renta,* o alquilando su capital ahorrado a cambio de un *interés.*

3º— El *emprendedor-empresario* quien, además de asumir también el papel de trabajador, casi siempre, al menos en parte, asume el papel de capitalista-propietario. Pero esto no es lo importante. Lo importante es que él es el impulsor del cambio, del avance hacia la riqueza, tanto de la suya como la de la sociedad. Arriesga su dinero, tiempo y esfuerzo para desarrollar un producto, un servicio, o una nueva forma de hacer algo.

Y ¿cómo es recompensada su triple contribución al esfuerzo productivo de la sociedad? Esto no se sabe. El empresario gana *ganancias* o *pérdidas* en función de su éxito en la estimación de los deseos de sus clientes. Si acierta, será para él lo que sobre después de pagar al trabajador y al capitalista-propietario. Si, por el contrario, su producto no se vende, tendrá que hacerse cargo de todas las deudas.

Y, por último:

4°— Los *intermediarios financieros* que, como su nombre indica, hacen de intermediarios entre los *propietarios-capitalistas* y los *empresarios*. Siendo recompensados por este servicio de intermediación.

En este grupo se incluyen los banqueros, los agentes financieros y los broker, incluidos los "especuladores". Todos ellos aportan "tiempo", al **financiar** la producción de nuevos bienes. (Después veremos por qué)

No importa que sólo contribuyamos encarnando a uno de estos cuatro pilares del único <u>camino que hay hacia la riqueza</u>. Con encarnar uno es suficiente. Todos, con nuestro esfuerzo, somos indispensables en cualquier proceso de producción. Ninguno sobramos en una economía que pretenda un crecimiento real para todos. Y, los cuatro, en una economía capitalista, deben ser debidamente atendidos y valorados, independientemente de si la economía pretende ser de derechas, centro-derecha o socialista. Si uno de estos cuatro elementos no se "recompensa" suficientemente, será imposible la producción de nuevos bienes y, por tanto, imposible el "crecimiento" de la economía. Así son las cosas en un sistema capitalista...

El sistema capitalista

Antes, en la edad precapitalista, el orden social de una nación y su sistema económico se basaban en la superioridad militar de una élite. El conquistador victorioso se apropiaba de toda la tierra de un país, conservaba la mejor parte para sí mismo y distribuía el resto entre su séquito. A la gran mayoría no le quedaba nada de nada. En aquellos días, sí era cierto que la opulencia de los ricos era la causa de la pobreza de los pobres.

Sin embargo, las condiciones en una sociedad madura y libre son diferentes. En la economía de mercado, en la que todas las relaciones humanas se basan en el libre y pacífico acuerdo, la única forma que les queda a los individuos más dotados para dar rienda suelta a sus energías es servir lo más eficazmente a sus semejantes. Las "ganancias" van a los que tienen éxito en satisfacer, de la forma mejor y más barata, los deseos de los consumidores.

Una parte de los beneficios obtenidos, ahorrados y reinvertidos —el llamado "capital"— benefician a toda la población: primero, en calidad de *asalariados*, ya que nuestros ingresos aumentan si, con entrada de nuevo capital, la productividad de nuestro trabajo aumenta. Y, en segundo lugar, el capital también nos favorece en calidad de *consumidores*, pues los productos o servicios que nos ofrece el mercado están disponibles al precio más bajo posible. Este es el principio característico del llamado "capitalismo":   producción en masa para suministrar a las masas.

Los que deseamos encontrar trabajo y ganar un buen salario deberíamos estar interesados en la prosperidad de las empresas.

A su vez, a las empresas y a sus asalariados, también les interesa que haya capitalistas dispuestos a invertir en ellas para ampliar y mejorar su productividad. Con el más moderno equipo, tanto trabajadores como empresarios podremos producir más y mejor en una unidad de tiempo, por lo que mayor será el salario real que recibamos. A todos, pues, nos interesa que haya una buena armonía y cooperación entre trabajadores, ahorradores-capitalistas y empresarios.

Además, hemos de tener en cuenta que, actualmente, muchos trabajadores somos, también, "capitalistas". Nuestros ahorros están invertidos o en planes de pensiones o en bonos del Tesoro, en acciones o en una propiedad. También, nosotros, los trabajadores, "alquilamos" nuestros ahorros, en busca de una renta; los prestamos —a través de los bancos, planes de pensiones y fondos de inversión— a las empresas o al Estado. Por lo que nuestros ahorros sólo están seguros si las empresas están en buena forma y prosperan.

Es decir: en una economía moderna, ya pretenda hacerse pasar por ser de derechas o de izquierdas, es imprescindible que todos los agentes económicos, que participan en el mercado, cumplan su papel, funcionen satisfactoriamente y sean debidamente atendidos y recompensados.

¿Qué está pasando ahora? Todo lo contrario. Nadie está contento. En vez de estar de camino hacia la "prosperidad", estamos en "decadencia".
¿Por qué las empresas no sólo no prosperan, sino que tienen grandes dificultades para salir adelante o cierran? ¿Por qué los empresarios, tanto grandes, medianos o pequeños están desesperados? ¿Por qué los trabajadores pierden su puesto de trabajo o tienen que aceptar la reducción de sus salarios? ¿Por qué los capitalistas-ahorradores ven como se licuan sus ahorros? ¿Por qué los propietarios ven como se reduce el valor de sus inversiones? ¿Por qué los intermediarios financieros, los bancos, no dan crédito? ¿Por qué la economía no sólo no prospera, sino decrece? ¿Por que nos afecta a todos por igual

esta terrible crisis? ¿Por qué estamos todos tan descontentos? ¿Por qué los trabajadores están contra los empresarios? ¿Por qué los empresarios están contra los bancos? ¿Por qué parece que todos estamos contra todos? ¿Qué está pasando?

Antes de contestar a estas preguntas y proponer soluciones, tendremos que dejar muy claros algunos conceptos básicos de economía. Y, como la vocación del que escribe es la de pequeño-empresario, me atendré al precepto básico de la economía capitalista, dar el mejor producto posible al mejor precio posible. Es decir: que "cueste poco" entenderlo.

II

EL CAPITAL

Incluso en épocas prehistóricas el mundo no se basaba únicamente en una mano de obra pura y dura. Hacía falta algo más, ya que, en aquel tiempo, incluso la caza era una actividad muy precaria; los animales siempre han dispuesto de mejores armas que los seres humanos. Nuestras manos desnudas no son rivales para un búfalo y, a pesar de nuestro ingenio, tampoco lo son para atrapar a una simple liebre.

Ya dijimos que, lanzas, venablos, redes de pescar, trampas, arcos, permitieron cazar con más eficacia. Y todos esos artilugios son "capital". Por lo que si, además del trabajo, se cuenta con un "capital", la producción, en este caso de alimentos, aumenta considerablemente.

Más adelante, cuando por fin entramos en la época de la agricultura, (desde la antigua Sumeria hasta la Revolución Industrial), también puede parecer que el trabajo era lo único que contaba; que bastaba con encorvar la espalda para hacer funcionar aquella economía... Sin embargo, un ser humano que no tuviese un mínimo de "capital" tenía que hacer un agujero en el suelo con el dedo y colocar en él una semilla. El uso de palos, afilados y endurecidos por el fuego, al principio, y los arados y collares para caballos, después, —para poder hacer más y mejores "hoyos"— nos indica que también hacía falta contar con un cierto "capital".

El "comercio" también ha ido mejorando debido al "capital". Antiguamente llevaba muchas semanas, meses o incluso años, atravesar grandes cadenas de montañas, espesas selvas, desiertos, zonas nevadas o aterradores mares. Sin embargo, aquel trabajo tan agotador, comerciar acarreando sólo pequeñas cantidades de mercancías, terminó cuando se empezaron a utilizar animales de carga. Esos también son "capital".

Nos guste o no reconocerlo, los hombres hemos mejorado nuestro nivel de vida gracias a los bienes de capital que han estado presentes en toda la historia de la humanidad.

Actualmente, en nuestro mundo basado ya definitivamente en el capital, las cadenas montañosas, selvas, desiertos y océanos son obviados por una multitud de camiones, túneles, carreteras, puentes, viaductos, aviones y buques de carga, que permiten trasportar cada día toneladas de mercancías. De hecho, el total de las que se trasladan de un lado a otro en un solo día, equivale a lo que se producía en una década o incluso en un siglo entero antes del Renacimiento. Todo este avance es debido al inmenso aumento del "capital".

Hoy disfrutamos de unos lujos inimaginables hace sólo 200 años. Conducimos automóviles, disfrutamos de luz eléctrica, agua corriente, neveras y aire acondicionado. Las fábricas que producen todas esas comodidades, así como saltos de agua, centrales térmicas, eólicas o nucleares y pozos petrolíferos que las hacen funcionar, también son "capital" acumulado.

Los libros que una vez tuvieron que ser minuciosamente reproducidos a mano uno a uno — a base de mano de obra— ahora pueden hacerse por miles. Todas las rotativas, todas las máquinas de impresión, incluidas las fotocopiadoras, también son "capital" acumulado.

Tenemos la suerte de vivir en un tiempo y lugar en el cual parece que todo esto está a nuestro alcance. Por supuesto que el "sueño" en sí mismo está tan lejano como siempre ha estado, pero la acumulación del capital nos permite acercarnos más y más a él. Y toda esta prosperidad, no se debe tanto al trabajo en sí, sino al aumento del "capital".

El tan odiado "capital" ha traído comida, buena nutrición, saneamiento, ocio y medicina para todo el mundo[1]. Y todo esto se lo debemos al vilipendiado capitalismo; palabra que no significa nada más que libertad para ahorrar, comerciar e innovar. El capitalismo ha demostrado ser el motor más espectacular de los avances que ha conocido el hombre. La mayor bendición de los doscientos últimos años.

Ha sido la primera vez en la historia que se ha llevado a cabo la producción en masa para la masa. Todas las comodidades materiales que hoy disfrutamos se las debemos al capitalismo. El hecho menos comprendido y más odiado de la vida civilizada.

Cualquier tipo de riqueza acumulada (ahorrada, para ser reinvertida), es capital. Como son todas las industrias, talleres, maquinaria, instalaciones, herramientas, utensilios, pozos petrolíferos, refinerías, medios de transporte, equipos y redes de comunicación, hospitales, almacenes, tiendas, edificios de oficinas, viviendas de alquiler, así como los inventarios de mercancías, materiales, componentes, suministros tanto manufacturados o semimanufacturados u otros stocks propiedad de las empresas.

---

[1] Debemos recordar que sólo somos la tercera o cuarta generación en la historia del mundo que tiene acceso a estas cosas todo el año.

El capital también incluye tanto el dinero en todo tipo de cuentas, así como los fondos que han sido "prestados" a empresas y consumidores a un interés.

Se les presta a las primeras con el fin de que éstas sigan creciendo y renovando sus instalaciones; y se presta a los consumidores para que éstos puedan comprar bienes de consumo, tales como casas, automóviles, electrodomésticos, o cualquier otra cosa demasiado cara para ser pagada con los ingresos de un sólo mes, y no hay ahorros suficientes. Todo eso también es "capital".

La cantidad, pues, de "capital" de un sistema económico determina su capacidad para producir bienes y servicios, contratar mano de obra, renovar instalaciones y comprar bienes de consumo a crédito, etc. Cuanto mayor sea el capital de una economía, mayor será la capacidad de hacer todas esas cosas. Por el contrario, a menor capital, menos capacidad de acción.

¿Cómo se crea el capital?

El capital se crea e incrementa únicamente a base de _ahorro_. Ahorro es el acto de **abstenerse** a consumir la totalidad de los fondos que se obtienen por la venta de bienes o servicios debidos a nuestro trabajo. Economía, pues, no significa "gastar por gastar" sino todo lo contrario; significa moderarse en el consumo y ahorrar. Abstenerse de un gasto significa dar una oportunidad equivalente para que una nueva y mejorada producción incremente nuestra riqueza. Quien ahorra puede invertir comprando bienes de capital o prestar para que otros puedan adquirir bienes caros.

Los economistas al uso, inducen a todo lo contrario: *"Un euro ahorrado —dicen— no circula a través de la economía, y un mayor ahorro se traduce en menos ventas y menores ingresos para las empresas y la economía".* Para ellos todo es cuestión de consumo, consumo y consumo.

Parecen ignorar que el ahorro *es la condición previa para cualquier tipo de consumo.* Ignoran que hace falta contar con un ahorro (un "capital"), para que los minoristas puedan comprar sus productos a los mayoristas; para que los mayoristas puedan comprar productos a los fabricantes; para que los fabricantes puedan comprar los componentes necesarios para su elaboración a sus proveedores y así sucesivamente. Como también parecen ignorar que hace falta contar con un cierto ahorro-capital para que los vendedores, en cualquiera de las fases, puedan pagar los salarios de los trabajadores y demás gastos generales.

Todos estos gastos deben ser pagados antes que el comprador se los abone con el dinero que obtenga de la venta de sus productos. Por ejemplo, los fabricantes de neveras y los proveedores de acero, así como los proveedores de otros componentes, no pueden pagar a sus trabajadores y proveedores con los ingresos de sus ventas si no disponen de un ahorro disponible (de un capital o recursos financieros) que les permita proveerse, fabricar y distribuir sus productos hasta que se conviertan en dinero y éste retorne a sus arcas. El consumo, pues, se basa en un ahorro previo. Todo lo demás es autoengañarse.

No hay posibilidad de comprar viviendas, automóviles, electrodomésticos o pensar en una operación de cirugía estética, si, previamente, no ha habido alguien que haya ahorrado y esté dispuesto a prestarnos sus ahorros a cambio de un cierto tipo de interés. Si no se da esta condición es imposible comprar este tipo de bienes caros. Si no fuera así, no haría falta ningún tipo de ahorro; con la paga mensual podríamos comprarlos. Lamentablemente, la realidad es otra. Un proceso de ahorro es fundamental para la compra de bienes de consumo caros.

El ahorro puede ser del mismo comprador, o puede ser prestado. En este caso, si es prestado, se llama *crédito*.

¡Ojo! Esto es importante, fijémonos que el ahorro es lo que posibilita el crédito. El crédito sólo es posible si alguien ha ahorrado antes.

Ahora veamos más detalladamente esta relación entre el ahorro y el crédito.

El ahorro y el crédito

Consideremos el caso de un panadero que amasa diez barras de pan. De la riqueza que ha creado (las diez barras de pan), el panadero se queda con dos para su consumo y ahorra ocho.

Estas ocho barras se las presta (da crédito) a un zapatero, a cambio de un par de zapatos que se los entregará al cabo de una semana.

Como podemos observar, el "crédito" es una transferencia de bienes reales. Es decir, el panadero ha transferido las ocho barras de pan al zapatero a cambio de un par de zapatos para el futuro.

Vemos, en este ejemplo, que la cantidad de ahorro real determina la cantidad de crédito disponible. Fijémonos en que no hay más que lo que previamente se ha ahorrado.

Si el panadero sólo hubiera ahorrado cuatro barras de pan, el importe del crédito para el zapatero sólo hubiera sido la mitad. Por el contrario, si el panadero hubiera podido fabricar muchas más barras de pan, el crédito disponible hubiera sido mucho mayor. Está claro, pues, que cuanto más ahorro real hay, más préstamo disponible hay. A nivel nacional es lo mismo, cuanto más ahorro, más posibilidad de crédito; cuanto menos ahorro, menos posibilidad de crédito.

También observamos que los panes ahorrados — y no consumidos— del panadero sostienen al zapatero mientras éste se dedica a hacer zapatos (que en su día podrá cambiarlos por otros bienes).

El ahorro (crédito), apoyando al zapatero, da lugar a la producción de zapatos (no sólo de un par, sino de muchos más) y, por tanto, da lugar a la creación de más riqueza real. Y así, sucesivamente.

Este es el camino para un crecimiento real de la economía.

La introducción de "dinero" no altera en absoluto la esencia de lo que es el crédito. En lugar de prestar sus ocho barras de pan al zapatero, el panadero puede cambiar sus ocho barras de pan por — digamos— ocho euros y luego prestárselos al zapatero. Es lo mismo que antes. Con estos ocho euros, el zapatero puede gastarlo en pan u otros bienes, mientras se dedica a hacer zapatos. El dinero sólo tiene la función de facilitar el intercambio. Nada más. Lo que se transfiere, lo que corre por la economía, son cosas reales —bienes y servicios reales— _representados_ por una cierta cantidad de dinero.

Lo mismo que pasa con el dinero, pasa con la existencia de los bancos; éstos últimos tampoco alteran la esencia del crédito. En lugar de ser el panadero quien presta directamente al zapatero, el panadero presta su dinero al banco y el banco, a su vez, se lo presta al zapatero, cobrándole una comisión por intermediar entre el ahorrador y el que necesita de su ahorro.

Fijémonos bien, —ya que esto es importante— que sin ahorros reales no puede haber préstamo (financiación, crédito). Es imposible. Vemos que, sin un aumento real del nivel de la cisterna de ahorros, los bancos, por mucho que quieran, no pueden dar más crédito.

Como conclusión, diremos una vez más que lo que hace que el préstamo sea posible no es que haya más o menos dinero, sino que haya más o menos bienes ahorrados. Tener claro esto, es muy importante para comprender por qué, actualmente, no corre el crédito.

Repito: el dinero y los bancos sólo sirven como facilitadores. Si el banco dispone en este momento de dos panes-euros, sólo podrá prestar dos-panes euros, si tiene diez panes-euros podrá prestar diez panes-euros.

Los ahorros reales —de "cosas" reales creadas previamente— son los que determinan el tamaño de los créditos, ya que los bancos sólo son trasmisores de riqueza. Ésta no la crean ellos; es debida a la riqueza previamente producida y ahorrada por el trabajo de los ciudadanos.

¿Tiene sentido culpar a los bancos por haber reducido los préstamos? Si prestan menos, es porque nos hemos "comido" capital y, por consiguiente, la riqueza real se ha deteriorado. Pero de ello ya hablaremos más adelante.

Confusión entre ahorro (riqueza) y dinero.

La gran mayoría de los economistas dicen que el exceso de ahorro está destruyendo la economía. *"Después de todo* —insisten— *el consumo es el motor de la economía y el ahorro es lo contrario al consumo."*

De todas maneras, los más "lúcidos" admiten que el ahorro allana el camino hacia la riqueza personal, pero a continuación admiten que, si al conjunto de la nación le da por ahorrar, el resultado será la pobreza para todos.

¿Tiene sentido todo eso? Parece que la mayoría de los expertos han caído en la trampa <u>al confundir el ahorro con el dinero.</u>

Hablemos, pues, del "dinero"

III

EL DINERO

¿Qué es el dinero?

El ahorro no sólo no es malo para el crecimiento económico, sino que es indispensable. Apoyando a que el ahorro sea gastado básicamente en un consumo <u>productivo</u>, se promueve el crecimiento económico general.

Como hemos visto, el panadero puede consumir (comprar) diversos bienes porque ha producido algo que otros productores de bienes están dispuestos a aceptarlo a cambio de sus mercancías. Y lo que limita su capacidad de consumo es su capacidad para hacer un excedente (ahorro) de pan. En consecuencia, cuanto más pueda producir y ahorrar, más podrá consumir en el futuro.

Lo mismo pasa cuando hablamos de la demanda de una nación (que en la jerga economista llaman "demanda agregada"). Cuantos más excedentes produzca una nación más alta será su capacidad de compra. Es, pues, una tontería decir que el ahorro tal vez pueda ser bueno para las personas, pero no para la nación.

Fijémonos que el *dinero* no tiene nada que ver con el meollo del asunto; son los bienes los que tienen valor en sí, el dinero sólo es una "imagen" de estos.

Me extenderé un poco más sobre este asunto porque es la clave para entender, no sólo la tontería del exceso de ahorro, sino para entender todo el "gran engaño".

En épocas remotas, en unas economías de trueque, las personas tenían dificultades para participar en el comercio (el intercambio). Por ejemplo, si nuestro panadero quería cambiar su pan por un par de zapatos y, por la razón que fuese, el zapatero en aquel momento no estaba interesado por el pan, el intercambio no se llevaba a cabo y el panadero no podía dar cabida a sus necesidades.

Sin embargo, cuando se introdujo el dinero — este "facilitador"— se resolvieron estas dificultades. El panadero podía cambiar su pan por dinero y el dinero lo podía cambiar a su vez por los bienes y servicios que necesitaba. El dinero, pues, facilita el cambio de los bienes de un especialista (en este caso un especialista en pan) por los bienes de otro especialista.

Aristóteles, en su *"Política"*, ya definía el dinero como *"mercancía intermediaria que sirve para facilitar los intercambios"*.

En el hecho de trocar o intercambiar hay una operación básica que consiste en atribuir, tanto a lo que se da (lo que se ofrece), como a lo que se recibe (a cambio), un "valor" relativo. A este lo llamamos: *"precio"*.

Nuestros dos verbos "pesar" y "pensar" tienen el mismo origen latino: proceden del verbo "pendere", que significa "examinar", "comparar" y "sopesar" cuidadosamente los "pro y contra".

El valor de una cosa lo establece la "comparación". Se "mide" una cosa con relación a otra. Y los hombres empezaron a comparar los más diversos objetos con una "algo" que les era familiar, que acabó como *unidad básica*.

Por ejemplo, si criaban básicamente bueyes u ovejas, decían: "¡Esta choza bien vale diez bueyes... o veinte ovejas!"

Naturalmente, esto no significaba que para comprar la choza hubiese que ir a ver a su propietario con diez bueyes o veinte ovejas debajo el brazo. Además, las ovejas podían estar gordas o delgadas, enfermas o sanas. Pero cuando se decía: *"esta cabaña vale veinte ovejas"* todos comprendían que se trataba de ovejas término medio.

Los antiguos germanos contaban en bueyes o vacas *"conocidos y sanos"*. Era una apreciación de <u>valor</u> expresada en términos comprensibles para todo el mundo.

La palabra *pecus* (ganado) engendró *pecunia* (moneda) y en la India, la palabra "rupia" (que es la unidad de su moneda) viene de *rûpa*, que significa ganado.

Lo que buscaban los hombres de aquellas antiguas épocas, aún sin escritura, era el medio de hacer cuentas sin separarse demasiado de las cosas concretas, … <u>de la riqueza concreta.</u>

En la *Ilíada* nos enteramos de que una joven cautiva, diestra en los trabajos domésticos, "vale" cuatro bueyes y de que los atletas vencedores en los juegos olímpicos recibían un trípode tan bonito que ¡vale por lo menos doce bueyes!

Los animales domésticos no fueron los únicos elementos de comparación. Los babilonios utilizaban medidas de cebada, los fenicios trozos de cuero, más tarde otros pueblos utilizaron como "dinero" piezas de tela, conchas marinas, hierro, bronce, pieles, tabaco y un sin fin de cosas, hasta llegar al oro y la plata y, actualmente, al "papel" (de ahí viene el drama). Pero siempre ha sido lo mismo: un *producto básico* al que todas las cosas han sido relacionadas para su "valoración".

Por tanto, el "dinero" debería ser visto como un recibo, por así decirlo, dado a los productores por sus bienes y servicios producidos. Cuando el panadero "pagaba", por ejemplo, unos pantalones, ya había producido previamente pan y había ahorrado, como mínimo, el valor de los pantalones: por eso tenía dinero. **El dinero es la afirmación de que el panadero ha hecho antes una producción real y un ahorro real.**

Más adelante, al hablar del "valor del dinero" y de la "inflación", nos será muy útil recordar que el dinero es la *"acreditación"* de haber producido algo (un bien o un servicio) previamente. Es importante tener eso bien claro.

La "forma" de la "representación"

La forma de *"acreditación"*, la que aceptamos, es, ante todo, aquella a la que estamos acostumbrados, porque sabemos que el vecino también la aceptará, pudiendo, así, cerrar sin dificultades nuestras transacciones comerciales.

El dinero es cualquier activo que puede utilizarse para hacer compras. En nuestro mundo moderno son las tarjetas de crédito, los cheques (saldo en cuenta corriente), las "trasferencias", así como los billetes y las monedas.

En cambio, las acciones, las obligaciones (bonos) y en general todo el "inmovilizado" no pueden utilizarse directamente en casi ninguna transacción; antes hay que "venderlas", es decir, convertir estas acciones, bonos o propiedad inmobiliaria en "líquido" y depositar este líquido en una cuenta corriente.

Resumiendo, el dinero, a pesar de desempeñar su triple función, *medio de cambio*, *unidad de cuenta*, y *depósito de valor*, **no es**, ni mucho menos, la riqueza. Sólo "*acredita*" que detrás hay unos bienes. Es como una fotocopia de ellos.

IV

EL CRÉDITO

¿Qué es el crédito?

Hemos visto que en un principio los hombres empezaron a intercambiar (compraban y vendían) objetos reales, objetos que tenían a la vista. Y también hemos visto como el "dinero" era —y sigue siendo—, además de una especie de acreditación de estos objetos, una "mercancía intermediaria" de la que todo el mundo conocía su valor exacto. Además, se podía dividir en múltiplos y submúltiplos de una unidad previamente definida. Por ejemplo, esto "vale" medio kilo de sal, un kilo o 5.

Así ocurría cuando, por ejemplo, el granjero Pablo iba a ver a su vecino José llevando un cesto de huevos con la pretensión de cambiárselos por unos conejos. Esta operación no exigía más que una comparación de valores, tanto el valor de los huevos como el valor de los conejos.

Como Pablo y José tenían muy claro que todos los productos, en aquella región, se contaban en unidades de sal, fácilmente se ponían de acuerdo. Si ambos sabían que un conejo valía un kilo de sal y un huevo un cuarto de kilo, Pablo tenía claro que obtendría "un" conejo a cambio de "cuatro" huevos. Que tuvieran o no que echar mano al bolsillo para sacar efectivamente un saquito de sal, en nada cambiaba el asunto. En ambos casos, tanto si había sal de por medio como si no la había —un simple trueque—, los interesados recurrían a la misma unidad de cuenta (que en este caso les indicaba uno y cuatro) y liquidaban la operación en el acto.

Pero un día José fue a ver a Pablo y le dijo:

—Estamos en abril, mi vaca ha parido hace poco tiempo y te traigo uno de sus terneros...

Y Pablo le respondió:

—Te daré, a cambio del ternero, dos sacos de trigo. Pero, ¡ojo!, la cosecha es para dentro de tres meses, así que tendrás que venir a buscarlos entonces.

Claro que Pablo pudo haber liquidado, aunque sólo fuese provisionalmente (hasta tener el grano listo) la operación por medio de sacos de sal o monedas de oro o plata. Pero en aquel momento no disponía de sal, ni mucho menos de monedas de oro o plata. Así que tuvo que hacer las cosas de otro modo: entregó a José una "promesa de pago" con su firma o con cualquier otro signo distintivo.

En la comarca, Pablo era un labrador que gozaba de muy buena reputación y en quien se podía tener confianza. Así que José aceptó aquella "promesa de pago".

Sin embargo, para José aquella espera —la llegada de la cosecha— le suponía un problema. Su sobrina se casaba en quince días y tenía que hacerse un traje nuevo para ir a la boda. Así que se fue a ver a Luis, el sastre de la vecina población, eligió la tela y le propuso pagarle con el "vale" que le había dado Pablo.

El sastre, que conocía muy bien a todos los labradores de los contornos, consideró que aquel papel "valía oro". De manera que, esta nueva clase de moneda empezó a circular a través de muchas manos hasta que, un día, la cosecha de Pablo saldó la deuda. Pero, ¿a quién se la saldó? A cualquiera que, en su fecha de vencimiento, presentara a Pablo su "reconocimiento de deuda".

Aquel nuevo tipo de moneda, inspirada por el crédito, ¿de dónde salió? Naturalmente salió de la pluma y del tintero de Pablo, pero en el fondo, salió de la "confianza" que éste inspiraba. El "crédito" y la "confianza", como veremos, van unidos. Pero

¡ojo! No nos engañemos, confianza, en el fondo, quiere decir "solvencia".

Ahora, además de tener una noción de lo que es el intercambio y el ahorro, ya tenemos una idea de lo que es el crédito. De hecho, cuando hablamos de crédito, hablamos de "tiempo". El crédito es indispensable en cualquier actividad en la que entre el factor "tiempo".

Pongo, una vez más, otro ejemplo:

El 1º de Abril, Maderas Finas, mayorista de madera vende a Carpintería Carpintero un lote de madera. El Sr. Carpintero pide un plazo de pago de 90 días para liquidar la deuda. Sin embargo, Maderas Finas necesita el dinero ¡ya!, para poder seguir funcionando.

¡No hay problema! Maderas Finas tiene la suerte de contar con una "línea de descuento" en su Banco.

Maderas Finas emite, pues, una letra de cambio, también llamada efecto de comercio o efecto mercantil, y la presenta a su banco. El banco se hace cargo de la letra y apunta en la cuenta de Maderas Finas el importe de la misma, descontando, por supuesto, su comisión.

Al llegar el treinta de junio, Carpintería Carpintero paga la cantidad que debe y el Banco recobra el dinero anticipado a Maderas Finas. El asunto queda liquidado para ambos.

El banco no sólo adelantó el dinero a Maderas Finas, por la confianza que esta empresa le inspiraba sino, porque sabía que detrás de todo esto había una mercancía, un valor, una riqueza real, entre medio.

El crédito crea un "nuevo" tipo de dinero

Fijémonos, sin embargo, que el 1° de abril, Carpintería Carpintero ya se había convertido en la nueva propietaria de la mercancía (el lote de madera), a pesar de que liquidaría su importe noventa días más tarde. Pero supongamos que, a los pocos días, un tal Sr. Ribot, otro carpintero amigo del Sr. Carpintero, pasó por el taller y se interesó por aquel lote de madera. El Sr. Ribot le propuso comprarlo y pagárselo entregándole una letra aceptada con su firma.

El Sr. Carpintero le sube el precio del lote un 10% y la operación se cierra. Carpintero presenta dicha letra, aceptada por el Sr. Ribot, a su banquero, y también se la descuenta.

En este momento, la venta y luego la reventa antes de que hayan trascurrido los noventa días de la primera letra, este lote de madera habrá suscitado no sólo su primer contravalor (por ejemplo, 1.000 euros) sino otros 1.100 euros más: en total 2.100.

Que puede llegar al triple si el Sr. Ribot revende, a su vez, este mismo lote de madera. Esta "cascada" no es nada antieconómica. Todo lo contrario, demuestra que los negocios "marchan".

Cada vez que se efectúe una de esas operaciones, y que cada una de ellas suscite la puesta en circulación de un efecto comercial, o letra, admitido al descuento, habrá una puesta en circulación de un "nuevo dinero" que ya no "representa" el valor de la mercancía. Ahora hay circulando más dinero que bienes, pues a los banqueros les trae sin cuidado saber si se trata de la reventa de un lote de madera que haya sido ya objeto de una, dos o más operaciones precedentes. Cada letra mencionará únicamente: "valor recibido en mercancías, tanto", lo cual será rigurosamente exacto, incluso si no se precisa de qué mercancía se trata. De hecho, lo único que les preocupa a los banqueros es saber si el deudor –el que pide que se le descuente la letra es *solvente*. Si es así, no hay porque preocuparse...

Vemos que aquí entra algo nuevo en nuestro estudio. En parte alguna está escrito que, en este caso, la letra represente a un lote de madera ni que esta mercancía se encuentra en tal o cual sitio. Se puede decir que no hay una garantía material, en el sentido estricto de la palabra, y que la operación de crédito descansa, esencialmente, sobre dos manifestaciones de la **confianza**.

Primero, la que inspira al banquero la firma de su cliente. Segundo, la que inspira la buena fe de los compradores.

Ahora hay en circulación un nuevo tipo de dinero que no representa a unos bienes en concreto, ahora este dinero representa, en virtud a la confianza, unos nuevos bienes *que se crearán en un futuro*. El crédito es, pues, una apuesta al futuro (avalada, por supuesto, por una "solvencia")

El crédito, por tanto, no es una fotocopia de mercancías, como lo es el dinero. El "crédito" es una *esperanza* de nueva riqueza (mercancías).

Veamos por qué:

El banquero es, en esencia, un organismo que salva el desfase de tiempo entre los gastos y los ingresos; tanto si se trata de un período de un día, diez días, noventa días, un año, cinco o veinte. Y este desfase es lo que fertiliza la creación del nuevo tipo de dinero: la moneda de crédito.

Ahora bien, fijémonos que nuestros negocios se hacen intercambiando **productos** que son los objetos reales de los préstamos.

Por ejemplo, si nuestro amigo el Sr. Carpintero pide 2.000 euros para una nueva sierra mecánica para su taller, no son en realidad los 2.000 euros lo que quiere y lo que se le presta, sino lo que quiere y lo que se le presta es una sierra. En el caso de que pidiera 500.000 euros para comprarse una casa, no son los 500.000 euros lo que se le presta, sino que se le presta una casa. El dinero sólo aparece en aras de facilitar los acuerdos entre las partes.

Si, por ejemplo, el amigo del Sr. Carpintero, el Sr. Ribot, le pide que le preste su prensa neumática para madera, lo normal es que le diga que no, ya que la necesita. Pero es posible que le diga que sí está dispuesto a prestarle su dinero (que lo tiene en el banco) ¿Qué hace en este caso el Sr. Ribot? Toma el dinero del Sr. Carpintero (o de otro ahorrador) y se compra una prensa.

En realidad, nadie pide prestado por el "bien" 'dinero en sí'; el dinero sólo es el medio por el cual obtenemos la posesión de "producciones". Y el sentido común nos dice que es imposible transmitir, de una persona a otra, más producciones de las que realmente hay. Si han mermado mucho, o se han agotado todas las prensas en el mercado, de poco le va a servir al Sr. Ribot el "facilitador" (el dinero)

Cualquiera que sea la cantidad de dinero que haya en circulación, los que están dispuestos a endeudarse no pueden recibir más sierras, prensas, herramientas, materias primas, casas o lo que sea, de las que se han producido previamente, es decir, de la riqueza real existente.

(Sin embargo, es posible, como ahora, ser pobres habiendo mucho dinero —aunque legal, falso— circulando. Este es el gran problema económico actual, del que hablaremos más adelante.)

Para terminar, por ahora, con este asunto del "crédito", sigamos un poco más con nuestro amigo el carpintero:

Un día, el Sr. Carpintero va a su banquero y le pide un préstamo. El buen funcionamiento de su negocio exige dar un paso adelante. Necesita un "crédito" para poder trasladarse a un local más espacioso y comprar nueva maquinaria. Esta vez tiene que endeudarse a un plazo más largo que el de una letra comercial.

El banquero, que conoce bien al Sr. Carpintero, le responde:

—Estoy de acuerdo en concederle un préstamo. Pero esta operación no se asemeja a las operaciones de descuento que usted ha llevado a cabo hasta ahora. Recuerde que el descuento (el adelanto del dinero) se hacía sobre ventas efectivas. Ahora me pide usted que financie un **"proyecto"** de riqueza. Como creo en usted y en su negocio —continúa el banquero— puedo ofrecerle varias soluciones, pero tendrá que darme "garantías" suplementarias...

Todos sabemos lo que significan estas "garantías" en la práctica: los **bienes** del Sr.

Carpintero. El banco le presta (le adelanta), si pone como garantía <u>cosas reales</u>.

Los bancos, lo mismo que el dinero, sólo son intermediarios entre prestamistas (los que tienen un ahorro real, tangible) y prestatarios (los que necesitan estos bienes) Pero ni los gobiernos ni los bancos ni todo el oro del mundo, pueden provocar un aumento de la cantidad de cosas que pueden ser prestadas.

El error de manipular "políticamente" el crédito

Imaginemos que sólo hay una única sierra circular muy especial (muy poco crédito disponible) en el mercado y que dos carpinteros la solicitan. Nuestro amigo, el Sr. Carpintero, que ya sabemos que es serio, honesto y responsable, goza de muy buena reputación, y un tal Daniel, que inspira poca confianza y, por tanto, apenas tiene crédito.

El propietario de la sierra (en este caso un banco), naturalmente, se la prestará al Sr. Carpintero.

Pero supongamos ahora, que viene el Estado metomentodo y le dice al propietario de la sierra: "Préstasela a Daniel que, aunque éste no tenga nada, yo me voy a hacer responsable de que cobres el principal y los intereses. "

En consecuencia, el propietario de esta "rara" y "preciosa" mercancía (el crédito), se la presta a Daniel Y los políticos, satisfechos, propagan a cuatro vientos: "Mira lo bien que ha respondido nuestro plan. Gracias a la intervención del Estado, ahora hay mucho más préstamo (crédito) y el pobre Daniel por fin tiene una nueva sierra. Él está en camino de hacer una fortuna. No sólo es una buena cosa para él, sino que es una gran mejora para toda la nación".

Pero no hay tal "mejora para la nación" porque hay algo detrás de todo esto que no se ve. No se ve que la sierra está en manos de Daniel, sólo porque no está en manos de Carpintero. No se ve que lo que se considera un aumento del préstamo, no es sino un desplazamiento del mismo. Además, tampoco se ve que este desplazamiento implica dos actos de suma injusticia: injusticia para Carpintero, quien, tras merecer hacerse con el crédito por su honestidad y laboriosidad, se ve ahora despojado de él. Y es una injusticia para los contribuyentes que ahora están obligados a responder por una deuda que no es asunto suyo[2].

En cada momento, sólo hay una cierta cantidad de "capital" disponible. El Estado puede,

[2] Véase, quiénes ahora van a "recapitalizar" a la banca, obligada, por razones "políticas", a prestar —mucho más de lo que podían— a todo bicho viviente.

artificialmente, aumentar el número de gente que esté encantada con endeudarse, pero no puede aumentar el número de productos y bienes (*representados por una determinada cantidad de "dinero"*) que puedan ser prestados. Riqueza hay la que hay.

Y, si además de manipular el crédito, se le da a la máquina de hacer dinero (como actualmente se hace con verdadera fruición), habrán más "papelitos", pero no habrá más riqueza disponible para ser prestada.

Forzar el crédito o degradar el valor de la moneda (para que parezca que hay más dinero disponible) siempre conduce a una escasez total del crédito; éste se ha dilapidado o se ha diluido irresponsablemente.

Esto es lo que han conseguido nuestros políticos.

V

EL DÉFICIT

¿Qué son los "déficit"?

Todos nos hemos encontrado alguna vez en déficit; todos hemos atravesado períodos en que gastamos más de lo que ingresamos.

En un sistema capitalista esto es posible: no sólo nos permite decidir libremente qué comprar con nuestros ingresos, sino que, además, nos da la opción de comprar por un valor mucho mayor del que nosotros hemos generado. Ello es posible a través del proceso de deuda y crédito.

Ya sabemos que, cuando producimos algo para vender a otros, lo hacemos porque a cambio esperamos recibir un determinado ingreso equivalente al "valor" de nuestra producción. Si producimos 1.000, podremos demandar una equivalente producción (1.000) proveniente de otro sector de la economía. Es decir, si producimos mil, podemos comprar mil. Hasta aquí está claro.

Sin embargo, hay momentos en que consideramos que está justificado y es sensato demandar más producción que la que correspondería a nuestra propia producción. Eso ocurre normalmente cuando queremos invertir en nuevas instalaciones o en equipos que mejoren o inicien nuestra producción o cuando queremos comprar una casa u otro bien costoso.

Dado que la totalidad de los ingresos equivalen siempre a la totalidad de la producción —ya se trate de individuos, empresas, Estado o Comunidad Internacional—, el sentido común nos dice que la única posibilidad de que alguien pueda demandar "más" de lo que le correspondería, es porque otra persona está dispuesta a demandar "menos" de lo que le correspondería.

Afortunadamente, siempre hay quien considera que lo más beneficioso para él es posponer algunas de las demandas que le corresponderían. Piensa que en un futuro podrá disfrutar de una mayor porción de la producción. Es decir: se abstienen de consumir el 100% de lo que han producido, y ahorran.

Por el contrario, aquellos que demandan una mayor parte de la producción, durante un período determinado de tiempo, son deudores o prestatarios. Y la cantidad que piden prestada representa su deuda o "déficit". Mientras que aquellos que renuncian a demandar su porción alícuota son prestamistas, acreedores o ahorradores y la cantidad que prestan representa su superávit o ahorro durante el citado período.

A cambio de su renuncia, los ahorradores tienen derecho a una parte de los ingresos futuros de los deudores. A esta parte la llamamos "interés" o "tipo de interés.

En sí mismos los "déficit" no son ni buenos ni malos. Todo depende de si el deudor experimentará o no beneficios futuros a partir de sus nuevas adquisiciones (una casa, un coche, arreglarse la nariz, montar una nueva fábrica, una consulta médica, un despacho profesional o lo que sea) Si el "beneficio" supera a los gastos, que supone el pago de la deuda y sus intereses, contraer deudas habrá valido la pena.

Esto también es válido para las empresas. Si los beneficios obtenidos a partir de la decisión de pedir prestado exceden los costes que ello representa, el contraer una deuda está justificado.

Para ilustrar este punto, consideremos a dos hermanos llamados "Frívolo" y "Sensato".

Frívolo tiene su presupuesto equilibrado. Sin embargo, gasta dinero como un manirroto. Satisface todos sus deseos. Da buenas propinas a todos aquellos que le ríen las gracias, por lo que es muy querido por todos los que viven a su costa. Sin embargo, para mantener su "claca", gasta como el "hijo pródigo"; satisface cada uno de sus caprichos y antojos. Siempre: dinero para todos.

La razón por la cual su presupuesto siempre presenta un aspecto impecable es porque cada año "Frívolo" vende parte de su capital (va cortando del jamón) para sufragar sus desmanes y aunque su presupuesto parezca estar en orden, él se comporta de un modo irresponsable. Su fortuna se está reduciendo con rapidez y su futuro financiero está amenazado.

Lo opuesto es su hermano "Sensato", que mantiene un estricto control de sus gastos. No obstante, tiene un déficit del diez por ciento de sus ingresos anuales.

Dicho déficit es consecuencia de que ha solicitado un préstamo para cubrir el coste de un master nocturno. "Sensato" está convencido de que éste le permitirá aumentar su capacidad laboral.

En el caso de "Sensato", nadie dirá que se comporta de un modo irresponsable porque tiene un "déficit" del 10%

Como vemos en este ejemplo, los déficits no son buenos ni malos. Todo depende de adónde nos conducen éstos.

Esto también reza para el Estado. Depende de si compensa o no endeudarse. Pero, ¡ojo!, en este caso, a quien le tocaría decidir si compensa o no, es al ciudadano, pues el Estado, cuando entra en déficit, asume el **compromiso** de que futuros *impuestos* (es decir, los ciudadanos) pagarán los intereses y el capital de dicha deuda.

Si un gobierno se endeuda para ayudar a los que realmente están necesitados o para construir escuelas, hospitales, carreteras, autopistas, presas hidráulicas, líneas ferroviarias y demás inversiones no políticas, sino económicamente "justificadas", que favorezcan la "productividad" de todos los ciudadanos —independientemente del color que sean— entonces adelante con el déficit, pues se comporta como "Sensato". Pero si se endeuda para atender a su cada día más creciente "clientela", burocracia y para que los vividores vivan a su costa, para subvencionar actividades absolutamente improductivas o para repartir políticamente dinero como si fuera "su" dinero, entonces se comporta como "Frívolo".

De todas maneras, hemos de tener muy claro que si el Estado entra en déficit, tanto si se comporta como Frívolo o como Sensato, sólo tiene cuatro maneras de financiarlo. Con impuestos, con más impuestos, con muchos más impuestos y con ¡muchísimos más impuestos!

1º— Con *impuestos directos e indirectos.*

2º—Emitiendo "deuda", que la pagaremos entre todos los "productores" con más *impuestos.*

3º— Degradando el "valor del dinero". Otro *impuesto*. El más cruel de todos. Afecta sin excepción a todos los ciudadanos.

Y, por último:

4º— Manipulando los "tipos de interés". Otro *impuesto* que, no sólo afecta directamente al que trabaja, se modera en el consumo y ahorra, sino que también afecta (sin excepción) a toda la comunidad.

Toda esta "sangría" no hace más que consumir y consumir el capital de toda la sociedad. Y ya hemos visto que el nivel del capital de un sistema económico es el que determina su capacidad para producir bienes y servicios, contratar mano de obra, renovar instalaciones y comprar bienes de consumo a crédito. De manera que, cuanto mayor sea el capital de una economía, mayor será la capacidad para hacer todas esas cosas. Mientras que, a menor capital, menos capacidad para hacer cualquiera de ellas... Y en eso estamos: ante una alarmante disminución del capital disponible.

El gran expolio que representan los déficits

Hemos visto que los individuos, organizaciones (empresas) y países (fragmentos de la humanidad) pueden endeudarse si otros individuos, organizaciones (fondos de pensiones) o países, han ahorrado lo suficiente para poder prestarles. Es decir, unos pueden pedir prestado si hay otros que han ahorrado. Hasta aquí está claro.

Por tanto, vemos que toda la humanidad (todos los países del mundo) no puede demandar más de lo que ésta —también en su conjunto— ha producido y ha ahorrado.

Sin embargo, vemos cómo los países llamados "ricos" (USA, Europa y Japón) tienen unos inmensos déficits y, sin embargo, los demás países, tanto los emergentes, como los productores de petróleo y los tercermundistas es imposible que, entre todos ellos, puedan financiar el inmenso derroche de los ricos.

¿De dónde sale, pues, el "dinero" para cubrir estos inmensos déficits?

Degradando el valor de las monedas (con inflación y licuando los ahorros de la ciudadanía). Es decir, los déficits los pagan toda la población; tanto la de los países ricos como la de los países pobres. Cada vez que oímos hablar de déficit, deberíamos oír INFLACIÓN (o, simplemente ¡Robo!)

Es, pues, el momento de hablar del "volumen" de la moneda (cáp. VI) y del "valor del dinero" (cap. VII).

VI

EL VOLUMEN DE MONEDA

¿Qué es un banco? "Pues... ¡un lugar donde depositamos nuestro dinero! y... ¡un lugar adonde se va a buscar dinero! ¿Qué es si no?"

Esta idea tan espontánea sugiere que el dinero que se va a buscar al Banco es el mismo que antes se ha depositado en él.

Sin embargo, ya vimos en el capítulo IV que bien, bien, no es así. Vimos cómo el "crédito" crea dinero. Entonces, ¿en qué quedamos? ¿El dinero *representa* una riqueza concreta o no?

Si es así, entonces la "oferta" (la cantidad) de dinero que corre por la economía será igual al dinero creado y puesto en circulación por el Estado. Pero ahora parece que hay más dinero en circulación. Entonces —dígame usted— ¿hasta dónde los bancos pueden crear este nuevo dinero, hasta qué punto pueden embarcarse dando créditos-confianza?

Para responder a esta pregunta recurriré a otro ejemplo:

Imaginémonos a la antigua República de Sildavia. Supongamos que, tiempo atrás, hace mucho, mucho, tiempo, Sildavia no tenía un sistema bancario comercial. Para facilitar el comercio y eliminar la necesidad de hacer trueques, el gobierno creó el Banco Central de Sildavia con objeto de poner en circulación un millón de billetes, llamados kops.

El Banco Central, imprimió los kops y los distribuyó entre la población. En aquel momento la "oferta monetaria" en Sildavia era de un millón de kops.

Sin embargo, al poco tiempo, los ciudadanos de Sildavia no estaban contentos con una oferta monetaria compuesta únicamente por "billetes", ya que podían perderlos o robárselos. Así que, en demanda de una custodia, se crearon bancos.

Al principio, estos no eran más que unas cajas fuertes en las que la gente podía depositar sus kops.

Cuando necesitaban efectuar un pago, podían, o retirar físicamente sus kops o, lo que era más cómodo, extender un "cheque" contra su cuenta.

De manera que los sildavos se guardaron unos pocos kops en el bolsillo para poder hacer pequeños pagos y el resto lo depositaron en los bancos.

Cuando tenían que hacer pagos de mayor cuantía extendían un cheque. Los cheques autorizaban al banco a transferir kops de la cuenta de la persona que pagaba mediante un cheque a la cuenta del acreedor de la deuda.

Con aquel nuevo sistema de pagos, basado en cheques, la gran mayoría de los kops no tenían por qué salir de los bancos.

Supongamos, pues, que del millón de kops que se habían fabricado, los ciudadanos se guardaron 100.000 kops en el bolsillo y los restantes 900.000 kops los depositaron en los bancos. Y los bancos vivían de la comisión que cobraban por guardar los dineros.

El total de kops (la oferta monetaria) de Sildavia era de 1.000.000 de kops, repartidos entre las cuentas guardadas en los bancos y el efectivo en manos de los ciudadanos.

De manera que el balance de los bancos de Sildavia era el siguiente:

Activo	**Pasivo**
(los kops que "tienen" en sus cajas fuertes)	(lo que no es suyo; lo que "deben")
Efectivo: 900.000 kops kops	Depósitos: 900.000

Los bancos tenían unas "reservas" de 900.000 kops y los depósitos (es decir, lo que es de los ciudadanos) suman también 900.000 kops. En este caso se dice que los bancos tienen un 100% de "reservas".

Eso quiere decir que si, de repente, todos los ciudadanos de Sildavia quisieran retirar todo su dinero de los bancos, éstos podrían devolvérselo íntegramente. (No habría "corralito")

Transcurre el tiempo y los bancos se dan cuenta de que no es necesario tener un 100% de reservas para seguir siendo "solventes" y atender las peticiones de devolución de su pasivo (los ciudadanos confían que en los bancos su dinero está muy seguro). La gente sigue haciendo su rutina y no necesitan guardar grandes cantidades de kops en sus bolsillos o debajo el colchón. Tras un período de observación, se dan cuenta de que es suficiente tener unas reservas sólo del 10% y que el otro 90% puede "prestarse" y así obtener unos "intereses".

Los banqueros deciden mantener unas reservas de 90.000 kops, es decir, un 10% de los depósitos y, a partir de ahora, están dispuestos a prestar los otros 810.000 kops con "intereses", si los demandantes de "crédito" merecen su confianza y pueden aportar "garantías".

Los banqueros de Sildavia saben que el país tiene muy buenos y reputados vinos, y que muchos sildavos desearían mejorar sus viñedos e instalaciones para aumentar la calidad y cantidad de su producción vinícola. Necesitan, pués, una "financiación" para poder materializar sus proyectos. Las operaciones empiezan a efectuarse y el balance de los bancos es, ahora, el siguiente:

Activo	**Pasivo**
En sus cajas ahora hay 90.000 kops	
y han prestado 810.000 kops	Depósitos de los ciudadanos
900.000 kops	900.000 kops

Han salido 810.000 kops en forma de "prestamos" del propio sistema bancario (no de la imprenta del Banco Central) y ya se encuentran disponibles en las cuentas corrientes de los ciudadanos…

Los viñateros, finalmente, han invertido en nueva maquinaria, han mejorado sus instalaciones y este nuevo dinero ha corrido por todo el país.

Y vuelve a ocurrir lo mismo que hemos comentado antes, los particulares y empresarios prefieren los depósitos bancarios al efectivo para realizar sus transacciones, por lo que al final vuelven a depositar los 810.000 kops en el sistema bancario. Una vez realizado estos nuevos depósitos, el balance de los bancos es el siguiente:

Activo		Pasivo
Reservas	900.000 kops	
Préstamos	810.000 kops	
	1.710.000 kops	Depósitos ¡1.710.000 kops!

Observamos que, ahora, y debido al "crédito", la masa monetaria (todo el dinero que corre por el país, tanto el físico como el contable) son estos 1.710.000 kops, más aquellos 100.000 kops que los ciudadanos guardan en efectivo para sus pequeños pagos. Total 1.810.000 kops

¡Pero la historia no acaba aquí! Tras examinar el balance, los banqueros se sorprenden al ver que tienen, una vez más, "demasiadas reservas". No, así no vamos bien —se dicen— ¿900.000 kops para responder por 1.710.000 kops? No, no, no, esto representa más del 50% de reservas, y hemos visto que con un 10% es suficiente... Así que volveremos a prestar, ya que éste es nuestro negocio.

Los bancos vuelven a prestar hasta que las "reservas" representan sólo un 10%.

Activo	Pasivo
Reservas 900.000 kops	(Suponiendo que todo este dinero nuevo
Préstamos 9.000.000 kops	fuera ingresado en los bancos)
9.900.000 kops	9.900.000 kops

Así que, manteniendo un "coeficiente de caja" del 10% (que es lo que aconseja toda la historia económica desde la Edad Media hasta ahora) el crédito de los bancos, 9.000.000 kops, más los billetes que imprimió la máquina 1,000.000 kops, Sildavia tiene ahora una "masa monetaria" de unos 10.000.000 de kops. El "crédito" ha multiplicado por diez aquella primera emisión de moneda.

Sin embargo, este aumento de la cantidad de moneda en circulación —suscitada por el crédito-préstamo— ayudó a aumentar la productividad-riqueza de toda la nación. Los sildavos apenas utilizaron aquellos préstamos para "consumir" y aumentar así su tren de vida, (para eso los bancos, con buen criterio, no les hubieran dado crédito) Los bancos apostaron por una riqueza real futura, pues querían que ésta misma pagara en su día el principal y los intereses. Y la cosa salió bien; los constructores construyeron nuevas bodegas, los carros fueron sustituidos por camiones, e infinidad de otras actividades prosperaron.

Ahora, en Sildavia, conviven dos "monedas": los billetes, emitidos por el Banco Central y la moneda "contable", representada por "asientos", emitida por los bancos comerciales. La única diferencia entre ellas se basa en la personalidad del organismo pagador. El billete lleva el sello del Banco Central, detentador de un privilegio especial (el poder emitir dinero). El cheque o la tarjeta de crédito lleva el membrete de un Banco comercial. Además, el cheque o talón, así como la tarjeta de crédito, es emitido y va firmado por el cuentacorrentista y será pagado únicamente dentro de los límites que el banquero ha anotado previamente en su cuenta.

Así, cuando un comerciante, un fontanero o un médico, depositan en su Banco los billetes recibidos de sus clientes y pagan a sus proveedores con cheques o con una "trasferencia", pasan sencillamente de una moneda a otra. O, por el contrario, cuando un cliente del Banco retira su depósito, ahora cambia la moneda "contable" del Banco por la del Banco de Emisión (billetes)

La inevitable consecuencia de todo esto es que cuando hay un aumento o disminución "artificial" del volumen de billetes (los del Banco Emisor) en las cajas de los Bancos, sus "reservas" suben o bajan, y eso afecta al crédito.

Ya vimos, en nuestro ejemplo, que los sildavos apenas utilizaron los préstamos para "consumir" y aumentar así su tren de vida, pues los banqueros (incluidos los altos directivos y los que tenían un "sillón" en el consejo de administración), por la cuenta que les traía, no les hubieran dado crédito: Como el Estado –al contrario de hoy– no intervenía, ellos RESPONDÍAN con su patrimonio personal del dinero de sus depositantes.

—Reducir o poner un límite a los préstamos, ¿qué nos está sugiriendo? ¡Trampas! Trampas que degradan el juego…

—Pero, hacer trampas es políticamente correcto. Uds. den todo el crédito que quieran, a quien sea y para lo que quieran. El Estado, y no Uds., se hace responsable. Si algunos de Uds. quiebran, no se preocupen, no pasa nada, no les dejaremos caer: el Estado se hará cargo de todas las pérdidas; las pagará el "pueblo". De ahí, la pobreza generalizada…

La politización del dinero

Al abandonar —por motivos <u>exclusivamente
políticos</u>— el patrón oro, a principios del siglo XX
se creó una moneda "fíat", es decir, una moneda
que, al no estar respaldada por "algo" (riqueza
previamente producida y ahorrada) ni **limitada** por
"algo" (tan limitado como la producción de oro), su
volumen se ha desmadrado. O sea que, a diferencia
de aquel honesto gobierno de Sildavia, que siempre
mantuvo la misma cantidad de "dinero", ahora los
gobiernos le dan a la imprenta, o a los ordenadores
constantemente, fabricando tantos falsos "kops"
como haga falta para financiar sus déficits,
degradando con ello el valor de cada "kops".

De eso hablaremos ahora.

VII

EL VALOR DEL DINERO

La inflación es tan antigua como el poder que tienen los gobiernos sobre el dinero. En consecuencia, el presente período inflacionario sólo podrá tocar su fin cuando éstos pierdan este poder y volvamos a la disciplina del patrón-oro[3]. Hasta entonces, tendremos que adaptarnos a unas condiciones de inflación crónica.

La inflación, que es la "degradación" del valor del dinero, **siempre** es debida a los déficits de los Estados.

Históricamente, la inflación se originó cuando una nueva ley obligó a los ciudadanos a darle al rey todas las monedas de oro que estaban en su poder, bajo el pretexto de que una nueva moneda —por su puesto, ¡también de oro!— iba a reemplazar a la antigua.

---

[3] Bajo el sistema patrón oro, la estabilidad de este metal era tal que su valor variaba muy lentamente. Su producción (su extracción) unca ha estado por encima del 4% anual

Durante el proceso, el rey sustituía las monedas de oro puro por otras de la misma "apariencia", pero mezcladas con otro metal. Así, retornando a los ciudadanos las nuevas monedas de oro diluido, el "gobernante" de turno podía seguir sufragando, con el oro que había robado, sus inmensos y descontrolados gastos.

Sin embargo, cuando la nueva moneda degradada empezó a circular apareció la inflación. El rey —aconsejado por sus expertos economistas— había dado <u>nada</u> a cambio de algo.

Esta técnica de corromper el medio de intercambio (el dinero), se hizo mucho más sofisticada —pero más fácil— cuando, a principios del siglo XX, apareció el papel moneda sin respaldo del oro (un patrón limitado). Desde entonces todos hemos de utilizar "papelitos" para nuestras transacciones, y los políticos tienen a su disposición la única imprenta que puede fabricarlos. Esto les da la posibilidad de crear, por arte de magia, tantas "fotocopias" como quieran para sufragar sus enloquecidos gastos.

De entrada, puede parecer que nuestros políticos disponen de una riqueza infinita. Pero, pensándolo mejor, nos damos cuenta de que, a pesar de que no tengan restricciones legales para dejar de hacer lo que quieran con su dichosa maquinita, en realidad, tienen unos límites a la hora de imprimir papelitos.

El sentido común dice que cuanta más inflación monetaria se siembra, mayor inflación se siega.

Debido a estas consideraciones, los políticos se moderan a la hora de darle a la máquina: "se trata de mantener una moderada inflación de precios". Es decir, "que el poder adquisitivo de la moneda disminuya lentamente, pero de una manera 'asumible'; no sea que se nos solivianten nuestros votantes."

Este era el dilema a que se enfrentaban, a finales de los años sesenta y principios de los setenta, todos los políticos de Occidente.

Entonces —se preguntaron— ¿cómo conseguir vivir por encima de nuestras posibilidades sin sufrir las consecuencias de la inflación? Los Bancos Centrales les ofrecieron un nuevo método para financiar la deuda del gobierno: ésta (los bonos del Estado) se quedará bien atrapada en manos de los "fondos de inversión", en vez de estar en los libros de los bancos comerciales. Así no la harán circular por la vulgar micro-economía. Esto es para el inocente pueblo. Lo nuestro es la alta macro-economía.

Esta interacción entre la actual explosión de la deuda y esta "revolución de los mercados de capital" es lo que ha terminado produciendo una nueva y silenciosa forma de inflación. La inflación parece que poco ha repercutido, **todavía**, en los precios de las cosas cotidianas. Entonces ¿dónde ha ido? Se ha quedado en los mercados financieros. Ahí está la fiesta: ¡comprar bonos del Estado que dan el 5, 6 o 7%, (o más) mientras que el propio Banco Central te presta el dinero al 1% para que compres esta deuda! ¡Esto si que es negocio!

—¿Qué necesidad tenemos de bajar este nuevo dinero recién impreso al mercado? —se preguntan los banqueros.

—¿Qué necesidad hay para tomar riesgos prestándolo a particulares o empresas?

—Además, si esta rentabilidad nos parece aún escasa, siempre nos queda la autocartera o los bonos corporativos (la deuda de las empresas que cotizan en bolsa) o las acciones u otros activos financieros.

Sin embargo, cuando los Bancos Centrales terminen con este "*alivio cuantitativo*", ya que antes o después tendrán que hacerlo, esta nueva e inmensa burbuja estallará.

Actualmente la inflación aún es "silenciosa" porque el IPC oficial se calcula (con toda pillería) sobre un total de 491 productos, entre los que se incluyen operaciones de cirugía estética, las flores, joyería, accesorios de jardín, y un sin fin de otros artículos absolutamente innecesarios e irrelevantes. Sin embargo, si consideramos cuales son los gastos ineludibles de una familia modesta, tendríamos que ver cómo se comportan los precios de la alimentación, los recibos de gas, agua, luz, y la gasolina. En este caso veríamos que el IPC real es, cómo **mínimo**, cinco o seis puntos mayor, que el reconocido oficialmente. Es decir, si dicen que el aumento del IPC es dos, la inflación real es del 7 u 8 %, y si dicen que es tres, la real es del 8 ó 9 %.

¿Entonces –me preguntarán ustedes— por qué esta enorme cantidad de dinero nuevo que se está inyectando no aparece reflejada en el IPC, incluso aceptando que éste sea de cinco o seis puntos superior a lo reconocido oficialmente?

Cuando aumenta la cantidad de dinero en circulación, cuando se inyecta nuevo dinero, éste se va introduciendo, como hemos visto, a través de los mercados financieros y, por el momento, se queda ahí y no baja aún como para afectar a los productos de consumo. Las bolsas, los chanchullos financieros, los grandes inversionistas, la propia deuda de los Estados, están absorbiendo, **de momento**, las inmensas cantidades de dinero falso que se está fabricando.

Para estos primeros destinatarios, los Estados, este aumento de la cantidad de dinero en circulación, es un chollo; pueden ir tirando de "chequetera" como si fueran inmensamente ricos, sin que, por el momento, se refleje esta degradación de la moneda.

Para los que vienen a continuación, bancos, grandes fondos de inversión y grandes aseguradoras, también, aunque menos, pueden beneficiarse de la falsa moneda. Sin embargo, más antes que después, se verán perjudicados (como ya se están viendo ahora)

Y los "beneficiarios" sucesivos acabarán dándose cuenta de que cada vez su dinero vale menos, y que cada vez podrán comprar menos cosas con él. En este grupo podemos incluir a los directivos bancarios y financieros, así como altos funcionarios.

Pero, los que más sufren —y sufrirán— son los últimos en recibir el falso dinero: la inmensa mayoría. A esos, directamente se les roba. Son los que siempre pagan —y pagarán— el "festín".

Hablando claro: el crecimiento de la "masa monetaria" provoca una redistribución de la riqueza de los que menos tienen a los que más tienen; de los que más trabajan, o han trabajado, a los que menos riqueza real han creado o crean.

Consecuencias de la degradación de la moneda

Recordemos que el zapatero cambió sus ocho barras de pan por ocho euros y los depositó en el banco, confiando que éste se los prestaría a quien alcanzase los requisitos de solvencia exigidos para acceder a su dinero. Si en lugar de euros —la "*acreditación*" de que el panadero había creado una riqueza— hubiera sido un saco de sal, o un kops, o un dólar, hubiera sido lo mismo: "acreditaba que había ocho, de cualquiera de estas "unidades", para ser prestadas: 8 panes generaban 8 "*acreditaciones*"

Pero, supongamos que, de repente, se dobla la cantidad de unidades de referencia. Hemos visto que ocho panes ahorrados pueden generar un "crédito" de 8 euros, pero, ahora, estos ¡8 panes pueden generar un crédito de 16! (porque se han inyectado 8 falsos)

¡Fantástico!, lo de la maquinita de imprimir dinero. Eso quiere decir que los bancos ¡pueden repartir más crédito! Pues, no. Habrá más dinero en circulación, pero la "cantidad" de pan (de riqueza real) será la misma que había antes de introducir el nuevo dinero. Y, si hay el doble de dinero en busca de una misma cantidad de pan, el precio del pan se doblará.

Ya tenemos un ejemplo de cómo se degrada el valor (de compra) de una moneda. Pero hay más...

No sólo –con lo de la inflación monetaria— no se ha creado riqueza de verdad, sino que se ha diluido el ahorro real.

¿Qué pasa con los ahorros del panadero? El banco sigue debiéndole 8 euros, pero cuando en su día se los devuelva, el panadero sólo podrá comprar con estos 8 euros, cosas o servicios por un "valor real" de 4 euros. Éste será el verdadero valor de su dinero. Sus ahorros se habrán diluido a la mitad.

¿Y el que pidió prestado los 8 euros ahorrados por el panadero? Este sí que hace un buen negocio con la inflación: cuando venza el préstamo pagará por un valor real de 4 euros.

Cuando hay inflación el acreedor, el que ha ahorrado, pierde; mientras que el que se ha endeudado gana. La inflación trasfiere la riqueza de los que han ahorrado a los que deben. Y ¿quién creen ustedes que es el mayor deudor de todos?

Pero no nos engañemos, la inflación puede, en efecto, beneficiar —a expensas de otros y durante un breve período de tiempo— a los sectores favorecidos (al Estado y al mundo financiero) pero, con el tiempo, los que deben también sufrirán. A medio plazo engendra consecuencias desastrosas para la comunidad entera.

Repito: la inflación no es debida a la subida de los precios, sino a la degradación del valor del dinero. El matiz es importante.

El falso "milagro de la inflación"

Y ¿por qué no nos damos cuenta de esta tomadura de pelo? Porque es un secular error confundir "dinero" y "riqueza".

"Creer que la riqueza consiste en dinero — ya escribía Adam Smith hace dos siglos— *es una noción popular que naturalmente se desprende de la doble función del dinero como instrumento de comercio y como medida de valor... Creemos que ser ricos es tener mucho dinero; para ser breves, diremos que riqueza y dinero son considerados en el lenguaje común como sinónimos".*

La verdadera riqueza consiste, única y exclusivamente, en aquello que se produce y se ofrece al mercado. Sin embargo, todos creemos que si tuviéramos más "dinero" podríamos adquirir mayor número de bienes: ¡con doble cantidad de dinero, nuestra riqueza sería dos veces mayor!

Entonces, ¿por qué el Estado no fabrica más dinero y lo distribuye equitativamente entre la población?, ¡nuestra riqueza aumentaría con la cuota que nos hubiera correspondido en el reparto!

Si eso fuera así, la pobreza en el mundo habría sido erradicada hace mucho, mucho, tiempo. Desgraciadamente no es así. Cualquier incremento sustancial del volumen de dinero en circulación lleva consigo la reducción del poder adquisitivo de la nueva unidad monetaria. Tendríamos más dinero en el bolsillo, pero con él podríamos comprar menos cosas y bienes.

Repito por tercera vez: la inflación no es debida a los incrementos de los precios. La inflación **es debida** a la **degradación del valor de la moneda.**

Sin embargo, para los economistas, un aumento en la actividad real de la economía —un aumento real de la producción y por tanto de la riqueza— es vista como un disparador del alza general de los precios, que erróneamente etiquetan de "inflación".

Pero ¿por qué un aumento en la producción de bienes ha de conducir a un aumento general de precios? Si la cantidad de dinero se mantiene intacta, entonces tenemos una situación en que hay más bienes que pueden ser comprados con la misma cantidad de dinero. Es decir, como hay más bienes, menos dinero costará una unidad de cada bien. Eso es una caída de precios y no un aumento de precios. El aumento de los precios se debe **únicamente** a las políticas de inyección de dinero para así sufragar los excesivos gastos de los gobiernos. Todo lo demás es mentira y demagogia.

El mecanismo inflacionista constituye el método más adecuado para mantener una política basada en la lapidación del capital. Comienza por destruir la contabilidad monetaria: aparecen beneficios donde en realidad hay pérdidas incuestionables, mientras que el hombre con dos dedos de frente siente inquietud al ver cómo el aumento de billetes en circulación empobrece a los países por muy próspers que hayan sido. El continuo aumento de medios de pago mantiene tan sólo una ficticia riqueza, pero en realidad — cómo estamos viendo actualmente— conduce a una inexorable depresión. Con estos métodos inflacionistas los gobiernos intentan ocultar a las masas las consecuencias de su nefasta política de clientelismo, subvenciones y compra de votos.

Una vez puesto en marcha el proceso inflacionista pronto provoca la destrucción de toda la riqueza creada, a base de devorar el patrimonio nacional; dificultando el ahorro e impidiendo, por tanto, la formación de nuevos capitales. Así mismo, fomenta el odio de las masas contra empresarios y patronos, acusados de abusones, especuladores y parásitos. Poco a poco la enfermedad se agrava, la moneda avanza hacia una reiterada depreciación y cuando se envilece totalmente, gobernantes y gobernados se enfrentan al caos.

Sin embargo, los políticos no escatiman medidas, por crueles que sean, para "mantener" su sistema político. Consumen, sin la más mínima preocupación, el capital acumulado. Devoran hasta las migajas. El mañana para ellos no existe. El experimento de una economía libre y, como consecuencia una política libre, toca a su fin.

Henry Hazlitt, en su libro *"Economía en una lección"*, nos dice:

"Los países, considerados en su conjunto, no pueden ofrecer nada sin que tenga un coste. La propia inflación no es en el fondo más que una forma singular de tributación. Quizá la peor, ya que de ordinario se exige más a quienes cuentan con menos posibilidades económicas. Pero aún suponiendo que la inflación no afectase a todos por igual, lo que nunca puede ser cierto, en tal caso equivaldría a un simple impuesto sobre el consumo, que gravaría con igual porcentaje a toda clase de mercancías, lo mismo el pan que la leche, que los diamantes o las pieles de lujo.

La inflación puede ser considerada, igualmente, como el equivalente de un simple impuesto sobre la renta, que grava, con idéntico porcentaje y sin permitir exención alguna, los ingresos de todos los miembros de la colectividad. Es más, en su naturaleza está gravar no sólo el consumo de cada individuo, sino también sus ahorros e incluso su plan de pensiones. De hecho, puede ser equiparada a una exacción de capital derramada a prorrata igualmente sobre pobres y ricos, sin tolerar exenciones.

La situación que origina es todavía más grave, porque la inflación no afecta a todos en la misma proporción. Hay quienes sufren más que otros, al menos, en cuanto a porcentajes. El tributo que la inflación representa, escapa a toda suerte de controles por parte de las autoridades. Golpea a ciegas en todas direcciones. El tipo de gravamen impuesto por la inflación no es fijo: no puede quedar determinado de antemano. Conocemos su cuantía hoy, pero no lo que importará mañana, y mañana desconoceremos su importe para el día siguiente.

Como ocurre con cualquier otro impuesto, la inflación perturba todo cálculo económico e influye poderosamente en nuestra conducta privada y en la orientación que convendría dar a nuestros negocios. Resta alientos a la previsión y al ahorro. Induce a toda suerte de despilfarros y aventuras económicas. A menudo, incluso hace más provechosa la especulación que el esfuerzo productor. Destruye la normal estructuración de unas relaciones económicas estables. Sus inexcusables injusticias hacen desear a las gentes remedios desesperados. Siembra las semillas del fascismo y del comunismo. Pronto se comienza a solicitar públicamente la implantación de controles totalitarios. Inevitablemente, conduce a amargos desengaños y, finalmente, al colapso de la economía del país".

Lo mismo pasó en Roma...

La lección romana

La civilización romana pasó por dos etapas revolucionarias que la llevaron a su decadencia. (Etapas que, por cierto, guardan inquietantes analogías con la revolución francesa, primero, y con la revolución rusa, después).

La primera fase de la "revolución social" romana —que terminó con el asesinato de Julio César y el advenimiento de Augusto—, permitió a las clases medias, ayudadas por el proletariado, apartar del gobierno a las clases más inmovilistas (la senatorial y la ecuestre).

Lo mismo ocurrió en la Revolución Francesa: la clase media, también con la ayuda del proletariado, se sacó de encima a la aristocracia.

Hasta aquí, tanto la revolución romana como la francesa, fueron un rotundo éxito…

Sin embargo, doscientos años después, sobrevino —tanto en la época romana, como en la Europa de principios del siglo veinte— la segunda etapa: el enfrentamiento entre la clase media y las masas.

En ambos casos, el Estado se decantó por estas últimas.

El intervencionismo y el expolio de la clase media, fue, y hoy es, feroz. No sólo expolió toda la riqueza del imperio para complacer al populacho, sino que hizo perder a la clase media todo interés en producirla de nuevo. Con aquel Estado venal y agobiante sólo valía: "sálvese quien pueda". La clase media quedó, pues, destruida, y, a partir de aquel momento, Roma entró rápidamente en su fase final.

El historiador Miguel J.Rostovtseff, en su *"Historia social y económica del Imperio Romano"*, nos habla de aquel proceso que fue del éxito al fracaso:

"Por primera vez, después de siglos de incesantes guerras, el mundo gozaba de una paz verdadera. El sueño constante de los conductores del mundo antiguo se había, al fin, hecho realidad.

No es de extrañar que la vida económica experimentara un alza brillante en todo el Imperio. Los Estados rivales habían desaparecido y la rivalidad era ahora pura competencia económica entre los hombres de negocios, la cual se desarrollaba libre de conspiraciones políticas. Ni el Estado romano ni el emperador intervenían en esta competencia; abandonaban la vida económica a su propia evolución. Aparte de moderados impuestos, apenas podemos descubrir medida alguna de carácter económico por parte del gobierno. La época de Augusto y de sus inmediatos emperadores fue un período de libertad absoluta para el comercio y de espléndidas coyunturas para la iniciativa privada. Roma no adoptó la política seguida por Egipto, especialmente enderezada a nacionalizar el comercio y la industria convirtiéndolos en un monopolio del Estado. Todo permaneció en manos de los particulares.

Pero cuando las masas accedieron al poder (cuando se inició la segunda etapa de la revolución social romana), *el nuevo "sistema" condujo a la desorganización del comercio y de la industria debido a la creciente intervención del Estado" ...*

Otro gran historiador, León Homo, en su *"Nueva Historia de Roma"*, parece como si continuase, con el punto de vista de Rostovseff, para centrarse en la segunda, y última, fase:

"El Imperio va a convertirse en una cárcel para decenas de millones de hombres, y la intervención del Estado no producirá más que ruina, derrumbándose en la nada. El mercado era cada día más limitado, mientras el Poder público era cada vez más opresor. La industria vivía sólo de los pedidos del Estado, que era un cliente egoísta y brutal: fijaba los precios, que luego quedaban en nada a causa de las altas comisiones que había que pagar a los funcionarios.

En medio de todo aquel triste ambiente, los hombres perdieron toda sensatez. El odio y la envidia reinaron por doquier. La productividad disminuía sin tregua. En la administración, corrupta y venal, pululaba una multitud caótica de nuevos funcionarios colocados a dedo por "el partido", que no hacía nada más que poner trabas e imponer abusivas comisiones,

*La catástrofe final sobrevino cuando, al objeto de prevenir mayores "perturbaciones políticas" **devaluaron la moneda** e implantaron la tasa de precios. La poca economía que quedaba se paralizó. La masa había expoliado y menospreciado a la iniciativa privada."*

Y, León Homo, concluye:

"Roma, forjada por la Antigüedad, ha muerto por el "estatismo". En este implacable contraste se resume su maravilloso destino."

Igual suerte espera a cualquier sistema, si "el poder", para atender a las inacabables exigencias de la masa, expolia a la clase media. Sin embargo, a corto plazo, la masa es la primera en verse afectada y, a medio plazo, tanto la clase media, como la media alta, y el propio Estado, <u>acaban también arruinados.</u>

VIII

LOS TIPOS DE INTERÉS

El tipo de interés es la "recompensa" que esperan recibir los ahorradores, por renunciar a consumir en el presente. Y, al mismo tiempo, es el "precio" que tendrán que pagar, tanto los Estados, las empresas o los particulares, para hacerse con el dinero de estos ahorradores. Es decir, el "tipo de interés" es el precio del dinero.

¿Y quién fija este precio? **Debería ser** un asunto entre prestadores y prestatarios. La oferta y la demanda tienen que establecer libremente un precio que refleje la "cantidad" del bien que hay disponible en el mercado. Si hay mucho ahorro disponible, los compradores pagarán poco para hacerse con él. Por el contrario, si escasea el ahorro, hacerse con él costará más caro.

La anomalía de los tipos de interés

Por tanto, lo normal sería que, si nuestro dinero, tal como ha ocurrido durante los últimos años, ha sido —y es— demandado por los Estados (a través de sus emisiones de deuda) en cantidades crecientes, esa gran demanda se reflejase en una subida de los tipos de interés. Sin embargo, ahora están ¡mucho más bajos que nunca! ¡Qué extraño! Se nos pide lo que tenemos y lo que no tenemos y, encima, no se nos da nada a cambio... Eso quiere decir que hay alguien "manipulando" artificialmente el precio del dinero. ¿Quién creen Uds. que es ese alguien?...

En estas condiciones artificialmente creadas, prestar y pedir prestado ha dejado de ser un proceso de ajuste dirigido por el mercado (por la realidad). Y esta entrometida y distorsionadora manipulación tiene como único objetivo reciclar el dinero de los ahorradores, para cubrir las necesidades de financiación de los malgastadores.

Sin embargo, la tasa de interés uno (en Europa) o cero (en USA), se nos vende como una medida favorable al público en general. Pero la cruda realidad es que dicha política es un impuesto disfrazado. Y un impuesto bien disfrazado es una bendición para cualquier gobierno: se requisa al ahorrador el 100% de los intereses que sus ahorros deberían darle[4] y se entregan, como si fuese un subsidio, al gran deudor. Esta tasa de interés cero o prácticamente cero, facilita "fondos" a las políticas de déficit fiscal de los gobiernos. Lo demás es pura

---

[4] En realidad, si contamos la degradación del valor de la moneda, la tasa de interés cero o uno más la inflación es simplemente un expolio, un auténtico robo.

demagogia. Según los gobiernos, es una buena política que mira por el bien común. Pero no es cierto: este impuesto, además de ser confiscatorio, va contra el interés de todos los ciudadanos. Veamos por qué:

¿Un ahorrador acepta de buen grado recibir interés cero por su dinero? ¡Claro que no!

¿Un deudor acepta de buen grado que le cueste cero el dinero que debe? ¡Claro que sí!

Lo justo y saludable sería que en cada momento, ahorradores y prestatarios (los que solicitan los ahorros y los que los tienen) se pusiesen libremente de acuerdo para establecer un "precio" para este ahorro.

Sin embargo, los Bancos Centrales, presionados por los grandes deudores (los Estados), se interponen entre los ahorradores y los prestatarios, destruyendo esta negociación.

Al poner en circulación cantidades inmensas de dinero falso (no dinero de verdad, es decir, riqueza previamente creada y ahorrada) impiden que se establezca un precio libre, equilibrado y real, entre la oferta (de crédito) y la demanda (de crédito).

Es como si se fijara un control de precios sobre este bien (el dinero)

Y ya se sabe lo que pasa cuando se establece un control de precios sobre cualquier bien. El bien, por una razón u otra, siempre acaba escaseando. Por eso, ahora el "crédito" es tan escaso. Los bancos comerciales, que son los intermediarios entre los ahorradores y los prestatarios, como ahora disponen de ingentes cantidades de "nuevo dinero" **a coste prácticamente cero**, ya no tienen porque pagar nada por su pasivo (por el dinero que los ahorradores han depositado en ellos) Entonces, si el dinero no nos cuesta nada, —se dicen ellos— por qué tomar riesgos prestando a éste o a aquél. ¡A empresas y particulares, nada! Primero —continúan— sanearemos nuestras cuentas, prestaremos al Estado (que con la "prima de riesgo" incluida, nos da un buen rendimiento) y, con lo que sobre, compraremos autocartera, y especularemos con este dinero. Ahora, nuestro negocio es éste: el "Estado"

Es una decisión lógica y racional de los banqueros. <u>Si no hay dinero en el mercado, la culpa es de los políticos, no de los banqueros.</u>

No nos engañemos, lo de bajar los intereses a prácticamente cero no es para animar a la economía abaratando el crédito; esta tasa de interés manipulada sólo tiene por objeto expoliar a los ahorradores (degradando el valor de la moneda y haciéndose con el 100% de lo que deberían obtener como fruto de sus ahorros), para financiar el déficit de los Estados. Con los tipos de interés actuales, a los ahorradores no sólo no les queda ninguna "recompensa", sino que cada vez les quedan menos ahorros... Éstos se van degradando. He aquí la situación actual en todo Occidente.

Como ejemplo, de esta despiadada agresión, imaginémonos a un ahorrador que, en marzo de 2010, acude al *mercado de capitales* en busca de un rendimiento para sus "dineros"; pero, ¡ojo!, nuestro inversor —como todo bicho viviente— busca máxima rentabilidad con el mínimo riesgo.

De las seis o siete opciones que tiene nuestro amigo, las clasificaremos empezando por la opción más segura, y terminando por la más arriesgada, para que él escoja la que le parezca más oportuna:

1º- Lo más seguro, seguro, que puede hacer con su dinero es *guardarlo bajo el colchón*. Evidentemente estará seguro, pero no obtendrá ningún tipo de interés por él, y además el valor de su dinero se irá degradando. (Aunque nos hablen de una inflación del 0% o del 4%, la realidad es que está, como mínimo, al 5% o al 9%.)

Nuestro amigo descarta esta opción y se interesa por la siguiente modalidad:

2º- Inversión en *metales preciosos*. Tampoco obtendrá ningún tipo de interés, sin embargo, podrá eludir la degradación del valor de su dinero. El oro, en principio, es indemne a la inflación.

No le interesa a nuestro amigo, le parece algo triste esta opción y, además, espera sacar algún rendimiento de sus ahorros...

Tal vez le interese la siguiente alternativa:

3º- Invertir en el *mercado monetario*. Aquí se compra y se vende "dinero" a corto plazo: 1 día, 2 a 5 días, 1 semana, 15 días, etc., hasta 3 meses. Aquí el precio de compra y venta del dinero lo fija el BC. El llamado *"interbancario"*.

Actualmente, en marzo 2010, el precio del dinero a una semana es del 0,37%, y a un mes del 0,41%.

A nuestro amigo tampoco le interesa tener sus ahorros en una cuenta corriente, aunque trague el IPC oficial. Así que le proponemos la siguiente opción:

4º- Le sugerimos que acuda el *mercado de capitales*, donde se vende y compra dinero a medio y largo plazo. No es tan seguro, pero, en principio, es más rentable. Tiene dos posibilidades:

a) Renta fija: Bonos de los Estados o corporativos (empresas), que tengan una clasificación crediticia triple AAA o, como mínimo, AA

Por ejemplo: puede comprar bonos, a diez años, del estado alemán o español que le darán un interés del 3,09% y del 3,76% respectivamente.

El estado, ya sea el alemán, el español, o el que sea, le dará este interés cada año y dentro de diez años le devolverá su dinero, pero, ¡ojo!, la inflación correrá a su cargo, por lo que dentro de diez años su dinero estará absolutamente devaluado.

Nuestro amigo, sin hacer grandes números, ya se da cuenta de que esta opción, a pesar de que la considera "segura", pues cree que los estados siempre acaban pagando, no le interesa en absoluto. Cree que al final perderá dinero (si hiciera realmente números se daría cuenta de que es una auténtica tomadura de pelo)

Así que se fija en la siguiente modalidad del mercado de capitales:

b) *Renta variable.* La ¡Bolsa! Nuestro amigo dice que está escamado y que, además, esta opción no la ve nada clara. Está convencido de que cuando los Bancos Centrales dejen de inyectar montañas y montañas de dinero nuevo (ya que antes o después tendrán que hacerlo), y suban —por consiguiente— los tipos de interés, la bolsa se hundirá.

Así que nuestro amigo sigue buscando dónde invertir sus ahorros …

5º- *Divisas*. Compra y venta de divisas: ¿dólares, libras, yen, francos suizos, rublos? Nuestro amigo no quiere ni oír hablar de ello. Así que pasa a la siguiente opción:

6º- *Derivados*. Se llaman así porque derivan de las anteriores opciones. Compra y venta de *futuros* y/o *opciones* de compra y venta de materias primas, metales preciosos, bonos corporativos (de grandes empresas) o de los Estados, acciones, divisas, seguros, etc.

Nuestro amigo dice que con los "derivados", si bien se puede ganar mucho, también se puede perder mucho. Que es como jugar a la ruleta.

Tal vez —añade— sea interesante para grupos de inversión y no para ahorradores particulares. Además —me dice con escepticismo— ya hemos visto la rentabilidad de estos fondos de inversión. ¡No quiero ni oír hablar de ello!

7º- Entonces, —le propongo— ¿por qué no inviertes tus ahorros en un *fondo de pensiones*?

¡Menudo desastre! —me contesta, indignado— Si supieras cuánto puse hace unos años y lo que tengo ahora, no me hablarías de ello.

He aquí la cruda realidad: estamos ante un desprecio absoluto del ahorro que afecta a toda la población. Esta tasa de interés de prácticamente cero, se nos vende como una medida para estimular la economía. ¡Mentira!, sólo favorece al Estado que no paga nada, o mejor dicho, **menos que nada**, por el dinero de los ciudadanos, ¡incluidos aquellos que tienen sus ahorros en planes de pensiones!

Es un impuesto confiscatorio que va en contra del interés de todos. De todos, sin excepción. Tanto de los que tienen ahorros como de los que no los tienen. Los Estados se están comiendo las semillas guardadas para la próxima cosecha.

La barbaridad de manipular artificialmente los tipos de interés, bajándolos por debajo de lo que la realidad del mercado fijaría, **provoca** que se inviertan **muchísimos más recursos** de los que habría disponibles, merced al ahorro real.

Así, se iniciaron muchas más inversiones de las que eran rentables, y la cosa terminó explotando a finales del 2007. Un ejemplo de aquella insensata política lo tenemos en las famosas *hipotecas "basura"* y en la actual pirámide financiera. Empecemos con las *"subprime"*.

Las hipotecas "subprime"

El pinchazo de la burbuja inmobiliaria es un excelente ejemplo de esta política de expansión de crédito, con dinero creado de la nada, y, como consecuencia de ello, los consiguientes bajos tipos de interés. Esta inyección de dinero, absolutamente descontrolada hizo explotar la enorme burbuja inmobiliaria que, de hecho, se había iniciado en USA 30 años antes, también por motivos políticos. Pero, nuestros gobernantes y los economistas a su servicio, tanto en Europa como en USA, tienen la desfatachez de culpar a la "avaricia" y a la "desregulación" de todos los males que aquejan hoy en día al sistema financiero y económico del mundo desarrollado.

Sin embargo, más allá de la mentira, de la manipulación y de la demagogia, la realidad es que la intervención del Estado (en este caso el norteamericano) ha sido, y es, el culpable de dicha debacle. Basta observar cómo y por qué nacieron las famosas hipotecas *subprime* para entender el monumental engaño a que estamos siendo sometidos.

En 1938, en pleno New Deal, nace Fannie Mae de manos de Roosevelt. Este nombre proviene de las siglas FNMA (Federal National Mortgage Association). Dicha entidad se crea con objetivo de expandir "crédito para la compra de viviendas" ante la restricción de préstamos de aquel tiempo. Es decir, con el dinero público se concedían préstamos hipotecarios fuertemente subvencionados. Una especie de ICO.

En 1968, el presidente de los Estados Unidos, Lyndon Johnson, procedió a la privatización de la compañía, pero conservando el apoyo y el patrocinio gubernamental. Poco después, en 1970, nace su hermano gemelo Freddie Mac (Federal Home Loan Mortgage Corp), también bajo el paraguas estatal, con el fin de extender aún más el mercado hipotecario en Estados Unidos.

Richard Nixon, no contento todavía con la función crediticia desempeñada hasta el momento por los dos bancos paraestatales, decide permitir a Fannie y Freddie re-comprar hipotecas concedidas por otros bancos comerciales. Nace, así, ¡el mercado secundario de hipotecas (titularización)! Es decir, ¡los paquetitos con "regalo sorpresa"!

Pero, aún hay más: los "demócratas", en sus aspiraciones de igualdad social y económica, pues ahí están sus votos, se marcaron como objetivo político que todos los norteamericanos fueran propietarios de una vivienda, y, en 1977, Jimmy Carter da un paso más al promulgar una ley (Community Reinvestement Act / CRA) que obligaba a las entidades financieras privadas, bajo amenaza de grave sanción, a conceder hipotecas a todos aquellos ciudadanos que, por su situación económica o en ausencia de avales, no alcanzaban los requisitos de solvencia exigidos para acceder a un préstamo privado.

Más tarde, Clinton modificó la CRA para que estas hipotecas, de baja o nula "calidad" (*subprime*), se ampliaran a minorías raciales, con independencia de sus ingresos económicos e historial crediticio.

Aquella nueva reforma de la ley permitía denunciar ante los tribunales a los bancos que denegasen crédito a minorías étnicas o barrios marginales. Una especie de discriminación positiva, pero a nivel bancario. Todo para facilitar la extensión de este tipo de hipotecas ya que, al fin y al cabo, contaban con el aval del Gobierno.

Como resultado, entre 1999 y 2005, se logró que amplias capas de la sociedad estadounidense abandonasen el mercado de alquiler para embarcarse en la aventura de la propiedad inmobiliaria. Todo ello impulsado por unos tipos de interés artificialmente bajos (entre el 1 y 2% en aquella época) por cortesía del Banco Central (la "Fed" en USA).

Pero aún hay más, los directivos de Fannie y Freddie, directivos de empresas estatales, fueron más allá, y comenzaron a "empaquetar" estas hipotecas de alto riesgo y las vendieron a otros inversores de USA y del resto del mundo (incluida España) como de "alta seguridad", ya que, en caso de insolvencia por parte de los deudores, ellos las garantizaban.

Desde luego, Fannie y Freddie contaban con privilegiadas líneas de crédito con el Tesoro de Estados Unidos a tipos, aún inferiores a los del mercado. Además, ya que su deuda estaba avalada por el Estado, se podía financiar en el interbancario con mayor facilidad y menor coste que la de la banca privada. También estaban exentas de pagar impuestos, y se les exigía disponer de un porcentaje menor de fondos propios (reservas) que a otras empresas financieras privadas. Es decir, podían emitir más crédito con el mismo volumen de capital (reservas).

Esos y otros privilegios gubernamentales permitieron a Fannie Mae y Freddie Mac ostentar el liderazgo del mercado hipotecario estadounidense durante años. En el segundo trimestre de 2008, ambas compañías emitieron el 84% de las nuevas hipotecas en USA.

El crédito fácil y la financiación barata (bajísimos intereses) agrandó hasta tal extremo la burbuja inmobiliaria, que —literalmente— empujaron a las entidades financieras a una estrategia suicida basada en endeudarse a corto plazo (mercado interbancario) e invertir a largo (concediendo hipotecas a 30 o 40 años) Todo ello bajo la falacia de que el precio de la vivienda nunca bajaría, y que el coste del crédito (el interés) siempre sería muy, muy, barato. Sin embargo, la fiesta ha llegado a su fin. La burbuja ha estallado; el precio de la vivienda se ha desmoronado, la morosidad hipotecaria se ha disparado y los embargos se suceden. El grifo de la financiación interbancaria también se ha cerrado y, la imposibilidad de hacer frente a la deuda comprometida a corto plazo, inició la sucesión de bancarrotas que se extiende hasta hoy en día y no ha acabado.

El resultado de la expansión del crédito para ponerlo a disposición de insolventes, tanto en USA como en muchos países de la Unión Europea, ha sido que ahora tenemos cientos de miles de viviendas sin comprador; viviendas que han consumido mucho capital, no sólo del recién impreso, sino también del viejo capital de las empresas que las construyeron y de los bancos que las financiaron, para ponerlos en manos de consumidores que, no sólo no han contribuido a la creación de riqueza, aumentando así el capital del sistema económico, sino a personas que no tenían ninguna perspectiva de hacerlo y, en el caso de

España, a personas sin capacidad económica para endeudarse de esta manera.

La consecuencia de esta insensatez política es que la mayoría de los constructores y promotores inmobiliarios están ahora arruinados, y, muchos bancos, o han quebrado en USA y en otros países europeos, o están muy tocados, y la mayoría de las agencias inmobiliarias han cerrado. Y ya que todos los prestamistas sin excepción han perdido tanto, las empresas que dependen de ellos, para obtener crédito, ya no pueden acceder a préstamos, por lo que deben cerrar sus puertas y despedir a sus trabajadores. He aquí las consecuencias de manipular el dinero, los intereses y el crédito.

Fannie y Freddie han quebrado y han vuelto a sus orígenes tras ser nacionalizadas. La factura que dejan detrás los dos gigantes hipotecarios tendrá que ser ahora sufragada por los contribuyentes y los hijos de éstos. ¿Culpa del mercado? ¿Avaricia? ¿Falta de regulación? ¡Qué caradura! Todo lo contrario: el gobierno y su Banco Central, y no el mercado, impulsaron, extendieron y facilitaron las famosas hipotecas *surprime*. Toda esta tomadura de pelo ha sido idea de los políticos, no de los empresarios.

Por cierto, ¿y qué de las tan denostadas agencias de *rating*? También es cosa de los políticos: el monopolio de estas compañías, a la hora de evaluar productos y deuda crediticia, también es un monstruo creado por el Gobierno, a golpe de decreto.

La "calidad" de la deuda

¿Por qué los planes de "estímulo", tanto en Europa como en Estados Unidos, están condenados al fracaso?

Como sabemos, se sigue inyectando inmensas cantidades de dinero nuevo. Esto, según los "expertos", debería evitar la deflación y la contracción de la economía.

Sin embargo, esto es como echar gasolina para apagar un fuego: la economía se contraerá aún más, ya que Occidente se está comiendo las "semillas" de las futuras "cosechas".

La riqueza (el capital) se está esfumando más rápido de lo que nos damos cuenta. La economía está devorándose a sí misma a través de la deuda. Los intereses al 0, o al 1%, están destruyendo cien años de trabajo. Los ahorros acumulados han disminuido en billones y no hay nada más increíble que, en medio de todo eso, muchas personas, incluyendo la gran mayoría de los economistas profesionales, teman al ahorro y crean que es necesario estimular el consumo a expensas de éste. Tal es la falta total de sentido común que sufrimos.

Sin embargo, en la pérdida de los ahorros acumulados está la clave del problema de las depresiones. Estas recesiones, y las pérdidas que las acompañan, son el resultado de la tentativa de crear capital a base de expandir el crédito, en lugar de proteger el ahorro real. Y eso es lo que más destruye a la economía.

La idea de que la inyección de dinero falso, recién creado, sin prácticamente coste alguno (sin apenas interés), aumenta el capital disponible para apoyar la actividad económica es totalmente falsa y engañosa. Tan engañosa como para creerse que uno es rico en el curso de una burbuja financiera. Y tan falsa como para hacernos llevar un nivel de vida más allá de nuestras posibilidades reales; ya sea consumiendo descontroladamente, ya sea endeudándonos con descabelladas inversiones inmobiliarias, abriendo nuevos centros comerciales y nuevas tiendas, comprado hoteles o adquiriendo empresas. Todo ello bajo la ilusión de una repentina abundancia de capital disponible. No obstante, todo se derrumba cuando la ilusión de "capital" se evapora: entonces llegan las fuertes pérdidas, tanto del capital real como el de mentirijillas. La "riqueza" se ha esfumado.

Recordemos que, hasta hace poco, tanto a las empresas como a los particulares, casi se nos obligó a pedir prestado y a liarnos con insensatas inversiones. Pero ahora, cuando la burbuja crediticia ya ha explotado, hay que pagar la fiesta, y la pagaremos con los pocos ahorros que nos quedan y con el fruto de los futuros esfuerzos tanto de nuestros hijos como los de nuestros nietos.

La pirámide crediticia

La crisis actual no se debe a un colapso del sistema financiero, como tal, sino que ésta se debe a que éste —corrompido por un modelo de crecimiento artificial basado en aumentos crediticios— se ha inflado mucho más allá de cualquier necesidad productiva, convirtiéndose en un instrumento especulativo. Al sistema financiero se le ha obligado a financiar la compra de bienes a gente que no tenía la capacidad para endeudarse de esta manera y, a continuación, el sistema financiero —bien "aleccionado" por los Estados— ha acabado financiando a la financiación misma. Una auténtica pirámide.

Por ejemplo, la *"titularización"*, que en un principio se inventó simplemente para poder prestar más, pasó a convertirse en un negocio por sí mismo.

Y, ¿qué es la *"titularización"*? El negocio de la banca comercial es captar dinero, pagar poco por él y prestarlo lo más caro posible. Pero, como ya hemos comentado, hasta el último desmadre a partir del 2.000, siempre había existido un tope para lo máximo que un banco podía prestar en relación a su capital y a los depósitos de sus clientes: esta relación era de 1 a 10. Es decir, por cada euro que tenía en "caja" podía prestar 10 euros.

—Entonces —se dijeron—, ¿cómo conceder más crédito, **si nos empujan a ello**? Sacándonos de encima, (de nuestros libros contables) parte del crédito concedido, y empaquetémoslo bajo nombres tan "herméticos como atractivos" y vendámoslo a fondos de inversión u a otros bancos, tanto nacionales como extranjeros.

Este "vaciado" permitió a los bancos conceder nuevos créditos y, reempaquetando nuevamente estos últimos, volvieron a dar más crédito. Y así sucesivamente.

A su vez, el fondo o banco de inversión, comprador de estos "paquetes de deuda", los convertía en "títulos" (de ahí su nombre), como las acciones y las obligaciones y, "ayudados" por una "prestigiosa" agencia de clasificación (¡AAA!), los colocaba sin ninguna dificultad entre los inversores privados. Al ser de "alto riesgo" (cosa que no sabían los privados) daban más rendimiento que cualquier otra "inversión". Y, muchos, ante la nula rentabilidad de sus ahorros, picaron el anzuelo.

En resumen, el "riesgo" en vez de tenerlo los bancos, se lo endosaron a los particulares. Y, éstos, convertidos sin saberlo en banqueros, lo han perdido todo. Aparte de ser una auténtica estafa, ayudada por las agencias de clasificación, estos *"títulos"* han contribuido a hinchar la burbuja financiera que ahora ha explotado.

Lo mismo que los *"hedge founds"* y los *"credit defautt swaps"*.

Los *"hedge founds"* son fondos especulativos <u>de alto riesgo</u> también ideados para colocárselos a los desprevenidos particulares, ansiosos de encontrar alguna rentabilidad para sus ahorros, dada la tasa de interés artificialmente baja.

En este caso se trataba de atrapar a los más ricos. Estas *"inversiones de alta rentabilidad sólo para grandes fortunas"*, se la jugaban basándose en el "valor" futuro de otro valor; ya fuese el del oro, de acciones, sobre índices bursátiles, deuda pública, valores de renta fija, tipos de interés o materias primas o lo que fuera. Todo ello combinando con agresivas "técnicas" de compra-venta.

Sin embargo, su gran poder residía en la total ausencia de "control", y en que estos chiringuitos financieros invertían muy por encima de su patrimonio. Estos fondos fueron gestionados por "profesionales", que lo único que les interesaba era "pasar la mona", cobrando, por supuesto, excelentes comisiones de "gestión" a los incautos inversores.

Se les aseguraba "altísima" rentabilidad (mientras fueran "entrando" nuevos incautos; incautos porque no sabían que se estaban metiendo en una "pirámide")

Por su parte, los *"credit default swaps"* son una *opción de compra o venta* sobre una <u>póliza de seguro</u> que cubre el posible impago de una deuda, ya sea pública o privada. Esas *"opciones"* eran ofrecidas por las grandes aseguradoras al público en general, que también las compraba esperando obtener una buena rentabilidad a la hora de revenderlas o recomprarlas.

Fijémonos que, los que compran *"swaps"*, no son propietarios de la deuda original, de la misma manera que una *"opción"* o un *"futuro",* sobre una materia prima, no supone la compra (o venta) de ésta, sino tan sólo una "<u>apuesta</u>" sobre si tal o cual deuda será pagada o no por el prestatario

Por tanto, los *"swaps"* no han servido para repartir y distribuir riesgos, sino que han creado más riesgos de forma oculta y al margen de todo control, ya que no hay manera de asegurar la especulación y las pirámides financieras, <u>más que con otras pirámides financieras.</u>

La realidad: el "crak" de septiembre 2007 ha puesto en evidencia que las hipotecas *subprime* no han sido, ni mucho menos, el corazón de la crisis, aunque como siempre, la cadena se rompió por su eslabón más débil.

El origen del verdadero problema ha sido el enorme volumen de la pirámide crediticia.

Ya en octubre del 2008 se podía apreciar que el porcentaje de las hipotecas basura era sólo una pequeña parte de lo perdido. Todas las instituciones financieras se han visto afectadas. Todas: bancos comerciales, bancos de inversión, grandes compañías de seguros, fondos de pensiones, fondos de inversión de todo tipo (derivados, hedge funds, swaps, opciones, futuros, preferentes, etc.) así como organismos oficiales de crédito o garantía. No se trata sólo de chiringuitos financieros, sino que se ha hundido todo el sistema financiero. Se empezó financiando el consumo por el consumo y se ha acabado financiando a la financiación misma ¡Política! ...

Sin embargo, todo ello no ha sido más que el primer acto de la GRAN CRISIS de verdad: la CRISIS DE LA DEUDA PÚBLICA

IX

EL CÁNCER DE LAS ECONOMÍAS OCCIDENTALES

Hemos visto, en el capítulo 1º, que la *prosperidad* es únicamente una cuestión de *productividad,* y que ésta depende, aparte de nuestro *trabajo*, del *capital* previamente ahorrado. Cuanto de más capital disponga una sociedad, más capacidad tendrá para producir nuevos bienes y servicios, y así seguir prosperando; por el contrario, cuanto más dilapide, más retrocederá.

También hemos visto, en el capítulo 2º que, no sólo para conservar el capital, sino para incrementarlo, es indispensable estar continuamente *ahorrando,* ya que es lo único que posibilita el *crédito*.

Asimismo, hemos visto en el capítulo 3º, que el "dinero" no tiene nada que ver con el "crédito". El crédito sólo puede salir de la riqueza antes producida y ahorrada. Se puede "imprimir" más dinero y hacerlo circular por el sistema, <u>pero no se puede "imprimir" la riqueza.</u>

También hemos visto, en el capítulo 3° que, si no hubiera gente que estuviera dispuesta a renunciar a "comerse" ahora una parte de la porción de tarta que le correspondería por su trabajo, los que demandan más de lo que les correspondería no tendrían la posibilidad de crédito. Es decir, tanto se ha ahorrado, tanto puede ser prestado.

También hemos visto, en el capítulo 4°, que los bancos son únicamente trasmisores de los bienes ahorrados, por lo que ni ellos ni los gobiernos pueden provocar un aumento de cosas que pueden ser prestadas. Repito; sólo hay una "riqueza": la que previamente ha sido producida y ahorrada (no consumida totalmente).

De modo que, aunque el Estado pueda artificialmente aumentar el número de gente dispuesta a endeudarse, no puede aumentar el número de productos y bienes que pueden ser prestados: riqueza hay la que hay. Por lo que si una sociedad se está comiendo su "riqueza" (su capital), es decir, gastando más de lo que produce, inevitablemente cada vez habrá menos crédito. Y una sociedad sin crédito se para y deja de ser próspera.

También hemos visto, en el capítulo 5°, que entrar en "*déficit*", es decir, demandar más porción de la tarta de la que nos correspondería, es justificable si lo hacemos en vista de aumentar nuestra productividad futura. Esa es la única justificación válida para endeudarse.

Por el contrario, endeudarse para "consumir", como decía el padre de la ciencia económica Adam Smith, hace doscientos años en su obra *La riqueza de las naciones,* es una auténtica insensatez:

"Quien toma prestado para poder consumir, pronto quedará arruinado, y quien le preste capital generalmente tendrá ocasión de lamentar su necedad. Tomar y conceder préstamos para compras de consumo es, por tanto, siempre contrario a los intereses de ambas partes"

En el capítulo 6º, vimos que el volumen de moneda, en un sistema sano, tiene un límite. Esta práctica, resultado de quinientos años de experiencia fue, por motivos estrictamente políticos, bruscamente abandonada a principios del siglo XX; se abandonó el patrón oro, que limitaba la cantidad de dinero en circulación y quedó una moneda "fíat", sin limitación alguna. A partir de ahí, empezó el desmadre...

El economista Wilhelm. Röpke (el que se considera el "padre del milagro alemán") escribió, en *"Más allá de la oferta y la demanda"*:

"Una de las funciones fundamentales del patrón-oro era sustraer a los gobiernos el control sobre el dinero, y crear un sistema monetario independiente de sus caprichos, cegueras y debilidades, al mismo tiempo que tenía la segunda función, no menos importante, de crear un auténtico sistema monetario internacional gracias a esta despolitización del dinero"

... pero, los políticos, para dar más de lo que el pueblo ha producido, han recurrido a la máquina de imprimir (cap. 7º), por lo que el valor del dinero se ha ido degradando. Los ahorros y el capital de la sociedad se han ido diluyendo (cap. 8º).

Como el capital ya está "exprimido" al máximo, aunque sigan intentando chupar las últimas gotas a base de más impuestos, a los Estados no les queda más remedio que seguir financiando sus déficits (deudas) y más déficits (deudas) Y, en lugar de ni siquiera plantearse la devolución del préstamo, el préstamo sucesivo; en vez de un sistema de financiación, la financiación del sistema de financiación. Eso sí que es una auténtica pirámide.

Una pirámide mucho mayor —y más grave— que la recién derrumbada pirámide financiera.

Como dice un viejo proverbio turco:

"Quien bebe a cuenta se emborracha el doble", y la gran borrachera universal parece no tener límite.

De la misma manera que la crisis "financiera" explotó a finales del 2007 al estallar el eslabón más débil de la cadena (las hipotecas *subprime*), la crisis de la "deuda" de los Estados explotará al romperse cualquiera de los eslabones más débiles de la cadena que forman los Estados occidentales.

Los eslabones más "débiles" de la cadena

Desde hace mucho tiempo, los diversos gobiernos —tanto de derechas como de izquierdas— que han tenido Portugal, Irlanda, Grecia, España e Italia (también Francia) se están comportando como unos auténticos manirrotos: el "gasto" se ha convertido en su principal arma electoral. Y esto se ha agravado cuando, al entrar en la Unión Europea, han visto sus espaldas bien cubiertas. Desde entonces, esto ha sido "jauja".

Las tasas reales de interés, que estos países deberían pagar, para financiar sus escandalosas deudas, están subsidiadas, porque gozan de una garantía "implícita" de los miembros "fuertes" del euro. Se supone que estos apoyarán a los miembros más "débiles" en tiempos de apuro.

Por eso, aún no se consideran a sus emisiones de deuda como "basura" (CCC)

En consecuencia, esos países "subvencionados" siguen con su derroche público. Y ahora, los países más fuertes de la Unión: Alemania, Finlandia, Austria, Holanda, etc., están realmente asustados por seguir ayudando a los países más débiles, porque ellos, a su vez, también están muy, pero que muy, "tocados".

Sin embargo, los políticos de los países más débiles apelan a la "solidaridad" de la Unión Europea, mientras que los países más fuertes no dejan claro si finalmente habrá o no rescate para todos. Se horrorizan con sólo pensarlo y, a la vez, se aterrorizan de las consecuencias de decir que no. Saben que están "pillados" y prefieren no pensar en nada...

Toda la Unión Europea está atrapada en el enorme lío. Toda la banca comercial de los países "fuertes" aceptó encantada los bonos de los países "débiles", ya que sabían que el Banco Central Europeo aceptaba esos bonos, que rinden un 4 un 5 o un 6%, como garantía para obtener nuevos préstamos del propio Banco Central, al 1%.

Para los bancos europeos ha sido —y sigue siendo— un negocio redondo y, además, aparentemente "sin" riesgo (aunque ahora empiezan a no ver este "negocio redondo" tan, tan, claro)

No nos engañemos, los países más débiles ya están siendo rescatados, y los llamados países "fuertes" de la Unión van a pagar la factura.

El BC europeo sigue creando nuevos "fondos", pues continúa a pesar de todo, aceptando la deuda de cualquier Estado de la Unión como garantía. De manera que la deuda de los Estados se convierte en "efectivo" para que los políticos sigan gastando, asegurándose así el apoyo de su ciudadanía.

Debido a esta inmensa inundación de dinero nuevo, los precios (a pesar de lo que nos diga el IPC oficial) no dejan de aumentar notablemente, no sólo en los países débiles, sino también en el resto de Europa.

Es decir, los países más débiles, son mantenidos, ya no sólo por su propia sufrida población, sino por una constante transferencia de poder adquisitivo del resto de Europa. ¡Y los políticos de los países más fuertes, aparte de quejarse, saben que no pueden hacer nada!

El futuro del euro es oscuro, ya que se tolera, el comportamiento fiscal irresponsable, no sólo en los países débiles, sino en cualquier país que tenga políticos populistas.

De las cuatro posibilidades que la Unión tiene, parece que ninguna es "viable":

1º Un Pacto (serio) de Estabilidad, pide rebajar el gasto público a la mitad. Esta posibilidad nadie se la cree. Es "políticamente inviable".

2º Que los Estados "fuertes" se nieguen a seguir financiando, a su costa, la irresponsabilidad de los "débiles", exigiéndoles declararse en quiebra y abandonar la Unión Europea.

Esta opción tampoco parece posible. Los bancos comerciales europeos están muy "cogidos", y, si uno de los "débiles" cae, caen todos ellos.

3º Que los países más débiles de la UE sigan aumentando su déficit, externalizando los costos de su política complaciente. Es decir, que sigan corrompiendo y empobreciendo a sus otros socios europeos. Esto conduce, sin duda, a la hiperinflación de la zona euro y a su colapso. De manera que no hacer nada tampoco es viable.

4º Y en el caso que sea el FMI el que acuda puntualmente en su ayuda, exigirá a los países débiles cumplir sus deberes a rajatabla para no contaminar al resto del mundo.

Sin embargo, los países europeos, por muy débiles que sean, dirán que ellos no son "sudamericanos", por lo que no harán sus "deberes" y el FMI, antes o después, cerrará el grifo.

La solución, como se ve, es muy difícil, pues todo indica que se seguirá derrochando insensatamente, mientras se intenta ganar tiempo como sea.

¿Ganar tiempo?, ¿para qué? No hay solución: toda la Unión Europea (Estados Unidos también) ha traspasado la "línea roja". Nos dirigimos hacia una auténtica estan-flación. Es decir, más contracción de la economía junto a una terrible subida de precios.

Pero existe una 5ª posibilidad, aunque sé que, hoy por hoy, es una utopía. Tal vez, dentro de unos años...

Que todas las naciones europeas se autodisuelvan en un único estado: EUROPA. Es decir, una única política europea, un único parlamento, compuesto por políticos de todos los antiguos estados europeos, que establezca unas "mismas reglas para todos": unos únicos presupuestos válidos para todos, una única política fiscal europea, una CAJA COMÚN a todos, una ley bancaria única; un mismo sistema judicial para todos; una misma ley social, laboral, mercantil y penal; una "seguridad" interior y exterior común a todos. Un sistema educativo común, etc., etc. No más alemanes, españoles, daneses, portugueses catalanes, vascos, escoceses o flamencos. Sólo europeos.

Esto, a efectos prácticos, eliminaría el inmenso gasto que provocan los quebrados mini-reinos de taifa y daría una oportunidad de regeneración, re-moralización, esperanza e igual oportunidad para todos. Pero, hoy por hoy, eso aún es una utopía. Aún hace falta mucho más sufrimiento…

Este es el dilema en que se encuentran tanto los presidentes del BCE, antes Jean-Claude Trichet y ahora Mario Draghi, como sus colegas americanos de la Fed, antes Ben Bernanke y ahora Janet Yellen: si siguen inyectando montañas y montañas de dinero a tipos prácticamente cero, la hiperinflación ya no podrá ser contenida por más tiempo; pero si "cierran el grifo" la pirámide se derrumbará. Así que no dicen ni sí ni no, sino todo lo contrario... Es decir, cierran los ojos, patada hacia delante, y que sea lo que Dios quiera...

El problema es mucho más serio de lo que nos damos cuenta: invertir en bonos emitidos por Estados, (que no tienen la capacidad, ni mucho menos la voluntad de reembolsar su deuda, ya que todos ellos están técnicamente quebrados), es un peligrosísimo negocio, tanto para los inversores como para los ciudadanos de los propios Estados.

Cuando estalle la crisis de la deuda de los Estados, la crisis financiera nos parecerá un juego de niños. La verdadera crisis aún no ha estallado.

Este es el verdadero cáncer de las economías occidentales. Enfermedad que absorbe todas sus energías, que consume todo su capital, todos sus ahorros y degrada el valor del dinero; deja exhaustos a los empresarios y autónomos, expolia a los ahorradores, a los bancos les priva de sus clientes naturales, mientras que, a los empleados, si aún conservan su puesto de trabajo, se les pide que acepten reducciones salariales y entreguen sus últimas gotas de sangre. He aquí la verdadera causa de nuestra crisis económica, el final de la cual será terrible para todos.

Y ¿quiénes son los verdaderos culpables de este desaguisado?

Como decía Jean Paul Sartre:

"À moitié coulpables, à moitié victimes, comme tout le monde."

Mientras no estemos dispuestos a asumir nuestras obligaciones como seres adultos y a no delegar todo al "papá" Estado, los políticos, y toda su corte, seguirán viviendo a costa nuestra, sofocando nuestra capacidad para ser responsables ciudadanos. Mientras tanto, ¿hay solución?

X

¿HAY SOLUCIÓN?

Cuando se gasta más de lo que se puede, tanto los particulares como las empresas tenemos tres soluciones:

1º   O, ingresar más
2º   O, endeudarse, (si es que se puede)
3º   O, reducir gastos

Si se trata de empresas, incrementar ingresos y endeudarse nunca ha sido fácil y menos ahora. La mayoría de las veces sólo queda reducir gastos. Sin embargo, dada la rigidez de nuestro sistema laboral, esto es casi imposible. Por tanto, muchas empresas y autónomos cierran.

Sin embargo, si se trata de un particular, si bien incrementar ingresos o conseguir crédito puede resultar actualmente muy difícil, sí podemos apretarnos el cinturón. Una ama de casa hará auténticas filigranas para reducir los gastos al mínimo sin que por ello se vean afectados en demasía los suyos. De una manera u otra encontrará la manera de tirar para adelante "con lo que haya".

En cuanto a los Estados ya lo hemos visto. Además de contar con estas mismas tres opciones, tienen una cuarta:

4º Darle a la "maquinita" y degradar el valor del dinero.

De las dos ultimas opciones, la 3ª y la 4ª (endeudarse y degradar el valor del dinero) poco más podemos añadir a lo dicho en los capítulos 6º, 7º y 8º.

Esas prácticas suponen el camino más rápido hacia la destrucción de la economía de un país; lo llevan directamente al colapso. Sin embargo, parece que esta es la única manera —según los economistas del sistema— de superar la crisis: con más déficit y con más degradación de la moneda. Una auténtica locura si tenemos en cuenta que, lo de darle a la "máquina" y endeudarse, más allá de lo que los recursos dan de sí, son las verdaderas causas de la actual crisis económica.

Los Bancos Centrales deberían dejar definitivamente y sin excepción de financiar los déficits de los gobiernos y dejar que las tasas de interés las fije el mercado libremente.

De manera que, si se extirpase el foco de la "infección", a los Estados sólo les deberían quedar dos opciones: "incrementar ingresos" y "reducir gastos". Ambas cosas están íntimamente relacionadas ya que para aumentar los ingresos se debería, en primer lugar, reducir drásticamente los gastos. Los gastos del Estado, de las comunidades autónomas y de los ayuntamientos deberían reducirse un 30 o un 40%. Repito: un 30 o un 40%, por no decir un 50%

¡Imposible! —contestarán todos los políticos al unísono— Ud. está completamente loco—me dirán— Además, ¿dígame qué gastos suprimiría?

Realmente yo no lo sé, sin embargo, lo que sí sé es que si, durante una semana se reunieran diez amas de casa, que no tuvieran **ninguna vinculación política**, encontrarían la manera de reducir los presupuestos de estos organismos sin que afectase ni a los "niños" ni a los "abuelos". De eso estoy absolutamente convencido.

Resumiendo:

1º Los Bancos Centrales **deberían negarse a financiar los déficits de los Estados**

2º Los Bancos Centrales **deberían dejar de manipular las tasas de interés.**
La recuperación económica implica la reconstrucción del stock de capital, trabajando de nuevo y ahorrando, y para ello hace falta más ahorro, y no su expolio, y menos consumo. Es lo

único que ayudará a restablecer el suministro de crédito.

3° **Reducción drástica del gasto público**. El hecho de que los gobiernos y las empresas privadas pidan préstamos en los mismos mercados de capitales, explica lo que los economistas llaman efecto-expulsión. El exceso de los Estados desvía fondos de las inversiones que deberían ayudar a la economía a crecer. Además, ya hemos visto en el capítulo 8°, que, dada la "calidad" actual de la deuda, cuánto más suba ésta, más se contrae la economía.

4° **Menos impuestos**. Aumentar impuestos desalienta el ahorro y la inversión, por lo que se pierde en capacidad de producción y se gana en desempleo.

5° **Disminución de la burocracia**. Cuanta menos burocracia, menos impuestos y menos trabas a la actividad económica.

6° **Terminar con cualquier tipo de subvención**. Si con ello nos exponemos a que caigan muchas empresas, organismos o chanchullos, que caigan...

7° **Libertad y facilidad absoluta de "entrada y salida"** para todo tipo de empresas, tanto grandes como pequeñas o autónomos. En un mundo tan cambiante como el actual, ha de haber mucho más dinamismo y flexibilidad. Cuanto más tiempo dure el calvario, debido a la rigidez laboral, de las empresas ineficientes o que ya se les haya "pasado el tiempo", más se retrasa la aparición de otras nuevas con sus consiguientes nuevos puestos de trabajo. Nadie cierra una empresa porque quiere.

8º **Libertad de salarios y precios**. Permitir que éstos se ajusten a la realidad del mercado. El paro es consecuencia de que el nivel de vida del productor es muy superior al valor (determinado por el mercado) de lo que produce.

Cuando decimos que un trabajo está demasiado bien pagado y otro demasiado mal pagado, ¿qué estamos realmente diciendo? En un mercado eficiente, los "precios" de los distintos trabajos <u>los determinan los compradores.</u> No los sindicatos ni los políticos. Intentar establecer unos "mínimos" (mantener, como se dice ahora, unos "derechos adquiridos") produce inevitablemente paro. Si a la gente le gusta más el futbol que la poesía, los futbolistas ganarán más que los poetas. De manera que, decir que un trabajo está mal pagado, es como decir que la gente quiere cosas equivocadas.

Sí, realmente es lamentable que la gente prefiera los *"reality shows"* y las hamburguesas, al teatro de Shakespeare y a las verduras al vapor, o a la fruta del tiempo, pero calificar esto de "injusto" lleva la inconfundible firma del modelo "hijo de papá" que ve la riqueza como algo que surge de una fuente común y tiene que compartirse, en lugar de ser algo que hay que generar, esforzándose en hacer —de la mejor y más barata manera— lo que la gente quiere y al precio que ésta esté dispuesta a pagar.

Cuando hablamos de "distribución desigual de los ingresos", deberíamos preguntarnos el porqué de estas diferencias, ¿qué representan? Representan la "riqueza" que ha generado una gente para otra gente. Sin duda, esta "riqueza" es "desigual", pero tildarla de "injusta" es una solemne tontería.

Si aceptáramos que los salarios se adaptasen a lo que está dispuesto a pagar el mercado por un determinado trabajo, no habría paro. Por el contrario, elevarlos, por encima de este nivel, provoca paro.

Los subsidios contra el paro no hacen otra cosa que fijarlo. Tales subsidios, así como la realización de desmedidas obras públicas, conducen a la disipación del capital y, consecuentemente, a la aminoración real de los salarios; éstos realmente sólo pueden subir incrementando la productividad. Lo demás es auto engañarse.

9° La recuperación requiere, además, **la rápida liquidación de inversiones equivocadas**. Las crisis son un proceso de regeneración y recuperación. Éstas, lejos de ser un azote del mal, son *necesarias* para conducir la economía a la normalidad, después de las malas distorsiones causadas por los "excesos".

Si los gobiernos desean que la crisis termine lo antes posible, lo más importante es no interferir en el proceso de ajuste del mercado que, por supuesto, incluye el dejar caer, como ya hemos comentado, a las empresas inadecuadas, permitir el saneamiento del crédito, y la caída de precios y salarios.

Los promotores inmobiliarios, los fabricantes, los mayoristas y los minoristas se encuentran con graves problemas de "sobrepeso" en sus inventarios, con un flujo de tesorería decreciente y con un sector financiero reacio al riesgo. ¿Solución? "Vomitar" todo ese sobrepeso "como sea": rebajando precios, liquidando, haciendo ofertas, promociones, marcas blancas, etc. Es precisamente lo que quieren los consumidores. Si la causa de la depresión fue el "exceso", su efecto es la presión "a la baja" de los precios.

Sin embargo, los "expertos" desearían despojarnos de la bendición de precios más bajos, pues creen incompatible una caída de precios con el crecimiento económico.

La caída de precios es fundamental para el lavado de los errores económicos de un sistema plagado de malas inversiones generadas durante la burbuja. La economía ha de entrar en contracción para que se reajuste ella misma. La nación ha de asumir sus pérdidas, reajustándose así su estructura financiera.

10° La recuperación también **requiere olvidarse definitivamente de "estímulos",** ya que, según se ha demostrado en todos los países europeos, sólo ha servido para chupar el poco capital que le queda a la actividad productiva, dilapidándolo en tonterías o subsidiando a empresas ineficientes u obsoletas. (Recordemos el caso de Carpintero y Daniel al final del capítulo 4°)

11° La recuperación también **requiere el final de la "simulación" financiera**. Sin embargo, ni los bancos ni las cajas de ahorros quieren mostrar la "licuefacción" de sus activos. Reconocerlo pondría de manifiesto que muchos de ellos están quebrados, por lo que es normal que quieran ocultar el valor real de sus "activos": quieren que sus acreedores (los impositores y accionistas) confíen en ellos.

Sin embargo, la única manera de recuperar la confianza general en la economía es que el valor de sus activos quede claramente reflejado, incluso si esto sirve para arruinar a muchos de ellos. Sus depositantes y accionistas no estarán seguros hasta que los banqueros dejen de enmascarar sus cuentas.

12º En último lugar, **separación real de poderes**. Así se terminaría con la impunidad.

Si se aplicaran todos estos "correctivos", el proceso de contracción financiera llegaría a su fin, la rentabilidad empresarial quedaría restablecida y la recuperación podría iniciarse.

Una "recuperación" supone que los emprendedores emprenden, los bancos se dedican a sus clientes naturales, los ahorradores ahorran y los consumidores consumen sólo si pueden hacerlo, tanto a corto como a largo, y si confían en instituciones estables, sobrias y previsibles.

Una "recuperación" también requiere una moneda verdadera, libertad de intercambios, continuidad de contratos, jueces incorruptibles, dejar trabajar, confiar en la madurez de la sociedad y pocas trabas.

He aquí las condiciones necesarias para un desarrollo sostenido.

No nos engañemos, nunca ha habido en la historia de la humanidad un verdadero crecimiento más que a través del trabajo, la sobriedad y el ahorro, es decir, a base de esfuerzo y moderación.

Por el contrario, el gasto innecesario y el despilfarro es lo que siempre ha corroído a todas las naciones.

Ya vimos en el capítulo 6º que cada colapso de las civilizaciones fue precedido por los mismos acontecimientos: un Estado que, en su ansia de poder, va intensificando cada vez más sus incursiones en la economía de la nación, provocando con ello el inevitable descenso de la producción y, por tanto, de la riqueza y vigor del país. La gente se vuelve cada día más apática y más ausente de sí misma, retrocediendo en sus valores morales y culturales:

—¿Solidaridad? ¿Generosidad?

—El Estado ya se ocupará de los necesitados. La solidaridad no es asunto nuestro...

—Pero ¿qué haremos con nuestros padres y abuelos?

—El Estado ya se ocupará de ellos. Para esto pagamos impuestos. ¡Que pongan residencias, y nos liberen de esta carga!

—¿Y nuestros hijos?

—Ya los educará el Estado. Él lo hará mejor que nosotros.

—¿Ahorrar pensando en el futuro?

—¿Cómo ahorrar?, además, ¿para qué ahorrar?, el Estado ya se ocupará de nosotros.

—¿Crear una empresa? ¿Esforzarse? ¿Tomar alguna iniciativa?

—Nada de eso, nosotros queremos ser funcionarios y no preocuparnos de nada.

—¿Comprensión? ¿Solidaridad?
—No sé lo que es eso. Yo, lo que digan los políticos.

—¿Justicia?
— Ya la impartirá el Estado...

—¿Y la decencia, el honor, la valentía, la independencia? ¿Y la delicadeza, el señorío, la veracidad, la amistad, la lealtad, la discreción y la prudencia?... No saben, no contestan...

Todo eso no es más que la consecuencia de haber fomentado una mentalidad: "hijo de papá".

Los niños pequeños creen que la electricidad la crean los enchufes; no saben que detrás de éstos hay centrales eléctricas generándola. De forma parecida, la mayoría de los niños creen que la riqueza fluye de los papás; no se les ocurre pensar que hay que generarla. Creen que fluye de los padres porque éstos se lo dan todo. Y lo que se "da" parece que hay de distribuirlo equitativamente. Es "injusto", protestan, cuando un hermano obtiene más que otro.

Pero ya de adultos no podemos pretender seguir viviendo de "papá". Si queremos algo tenemos que fabricarlo nosotros mismos o hacer algo de valor equivalente para otro, con el fin de que éste nos dé suficiente dinero como para poder comprar lo que deseamos. En un mundo de "adultos" la riqueza es algo que tenemos que crear, no algo que distribuye papá.

Sin embargo, todos los estados occidentales, a pesar de su apariencia de espléndidos "papás", se han convertido en una poderosa máquina tan intervencionista y embrutecedora como la de la antigua Roma. Ya vimos que, cuando su grandeza estuvo en su punto más álgido, la preocupación principal del Estado era la confiscación de la riqueza producida por sus ciudadanos y súbditos.

Por supuesto, también como ahora, aquella confiscación se formalizó legalmente y, aunque no fuera cubierta de "moralina" o ideológicamente "racionalizada" como hoy, algunas características del estado de bienestar moderno también se pusieron en práctica. Roma también tuvo sus programas de trabajo, sus propinas a los desempleados y sus subsidios a la industria. Todo ello necesario para que la confiscación fuera aceptable y posible.

Sin embargo, lo más sorprendente es que tanto en la actualidad, como para los romanos de aquella época, este orden de cosas nos parece natural y adecuado. Ni nosotros ni los romanos nos damos cuenta la "decadencia" en que vivimos y no nos preocupamos por nuestra inminente caída. Pero hoy, cuando reflexionamos sobre los datos históricos, encontramos la causa-efecto de todas las decadencias.

Ahora sabemos que, a pesar de la arrogancia del Estado y sus ideólogos, las fuerzas económicas siempre siguen, imperturbables, su curso. La producción de riqueza, la producción de las cosas necesarias para vivir, se reducen en proporción a las exacciones e interferencias del Estado y **la preocupación general por la mera existencia** deja de lado los valores culturales y morales. El "carácter" de la sociedad cambia gradualmente al de un rebaño.

Los molinos de los dioses muelen lento pero seguro y, en el caso de Roma, en un par de siglos el deterioro de aquella sociedad fue seguida por la desintegración del Estado, ya que no se tenían ni los medios ni la voluntad para resistir los vientos de la coyuntura histórica. En eso estamos nosotros ahora: una sociedad se derrumba cuando no está en disposición de resistir a sus enemigos.

Los enemigos de la Libertad

En las memorias del economista Ludwing von Mises, escritas desde su exilio en Ginebra, huyendo de los nazis en 1940, aparece este trágico pasaje:

130

"A veces me abrigaba la esperanza de que mis escritos podían ser fructíferos y que, tal vez, podrían mostrar el camino a la clase política. Constantemente he buscado evidencias para proponer un cambio de ideología... Pero me he dado cuenta de que mis teorías sólo explican la degeneración de una gran civilización, pero no la impiden. Me propuse ser un reformador, pero me he convertido únicamente en el historiador de la decadencia"

Para Mises, que le tocó vivir entre el fascismo y el socialismo, la demolición deliberada de la civilización se efectúa a través del ascenso del <u>estado total</u>: ya se llame de derechas o de izquierdas. Mises vio claro que, estas dos variantes del mismo monstruo, destruirían a la civilización Occidental.

También, el economista Joseph Schumpeter, un liberal clásico que, a pesar de ello, se ganó el corazón de la izquierda por su previsión de la muerte del capitalismo, inició su obra *"Capitalismo, socialismo y democracia"*, escrita en 1942, con estas apocalípticas palabras:

"¿Puede sobrevivir el capitalismo? No. No creo que pueda. Sin embargo —se apresura a añadir— no es esta respuesta lo que nos interesa, pero sí los 'hechos' y los 'argumentos' que nos <u>conducen</u>

hacia esta respuesta. Es la teoría la que importa para nosotros. El propio éxito del capitalismo —continúa— socava las instituciones sociales que lo protegen y crea las condiciones para que no pueda sobrevivir, apuntando claramente al socialismo como heredero".

Si bien Schumpeter no fue el primero en predecir la caída del capitalismo, sí fue el primero en afirmar que el éxito del capitalismo sería la causa de su decadencia y caída.

Shumpeter apuntó cuatro tendencias que conducían inevitablemente hacia un sistema del tipo socialista-fascista en todo Occidente:

En primer lugar, predijo que la clase empresarial se contraería con el surgimiento de una sociedad fuertemente burocratizada

En segundo lugar, Shumpeter predijo que un capitalismo burocrático llevaría a una pérdida de respeto a la propiedad privada.

En tercer lugar, predijo que la clase intelectual acabaría siendo fanáticamente socialista.

Y, por último, Shumpeter predijo que el público occidental cada vez se acomodaría más a un ambiente político que exaltaría la medianía, el igualitarismo y la planificación económica.

Así como Mises estaba convencido que tanto el socialismo como el fascismo no eran viables, Schumpeter, aunque también se oponía a ellos, creía que "tal vez" sería posible continuar con nuestra civilización, aún sin libertad.

Sin embargo, Shumpeter en esto se equivocó: este ataque a la libertad hizo que el siglo XX fuera el más brutal de la historia moderna. Dos guerras mundiales, así como los "experimentos" nazi y el "totalitarismo" comunista, causaron la muerte de al menos 250 millones de personas. La libertad, en todas sus formas fue sacrificada en el altar del nacionalismo, del imperialismo, del racismo y de la lucha de clases. Tiranos y dictadores alegaron que toda su acción se hacía por el bien del pueblo y en interés de las masas. La democracia fue condenada como decadente y corrupta.

Pero la victoria, en 1945, sobre los regímenes totalitarios, supuso el renacimiento del ideal democrático: la capacidad para autogobernarnos nosotros mismos. Reivindicamos nuestra madurez y "autonomía". Pero ¡ojo! el autogobierno significa dos diferentes, aunque complementarios, ideales.

Primero, el autogobierno, en el sentido político, significa que todos los miembros de la sociedad tenemos derecho a decidir, mediante el proceso electoral, quiénes formarán el gobierno (pero no quiénes tendrán un cargo en él). Y, en una próxima convocatoria, al juzgar la idoneidad de éstos, poder actuar en consecuencia.

Pero la idea de "autogobierno" contiene un segundo sentido, en la idea de <u>autonomía</u>. No hay hombres "colectivos"; sólo hay personas que piensan por separado, con valores, esperanzas, sueños, objetivos y propósitos distintos, que guían su vida. La "individualidad" requiere contar con unos medios que permitan vivir de una manera independiente. Por eso la propiedad privada es esencial; nos permite elegir cómo —y con qué fines— vamos a vivir nuestra vida. La propiedad privada nos da un territorio que está bajo nuestra jurisdicción, un grado de "autonomía" en nuestra casa y en nuestro mundo.

Por supuesto que ningún hombre es una isla, pero en una sociedad libre, la asociación humana se lleva a cabo a través del mercado y de su sistema social de división del trabajo. El mercado es un ámbito de intercambio pacífico y voluntario. La premisa moral del mercado es que los hombres tienen prohibido el uso de la fuerza o el fraude en sus relaciones. La libertad de cada hombre para vivir y elegir es respetada por los demás, así como se espera que respetemos la libertad de los otros.

Dado, pues, que la coerción es incompatible con el mercado, si un hombre desea el compañerismo o la cooperación de otras personas, debe aprender a practicar la cortesía, la buena educación, la honestidad y fiabilidad en el trato con los demás. De lo contrario se apartarán de él y los demás harán sus "negocios" con otros individuos más honestos y fiables.

Los hombres, en un ambiente de libertad, nos civilizamos. En un ambiente de coacción, nos embrutecemos.

El mercado es mucho más democrático que la arena política. En el mercado libre cada individuo toma sus propias decisiones sobre una amplia variedad de bienes y servicios, teniendo en cuenta sus preferencias, y posibilidades económicas... Evalúa los bienes y servicios que considera más adecuados para mejorar su calidad de vida.

Los empresarios y hombres de negocios responden a estas diferentes demandas competiendo entre sí, para satisfacer a los consumidores. No pueden obligar —a menos que se trate de un monopolio empresarial o político— a que éstos compren sus bienes y servicios por "decreto". Deben persuadirlos a base de calidad, servicio y precio.

Tampoco pueden obligar a la gente a trabajar para ellos, como proveedores de recursos, ya sean en forma de mano de obra o de talento. Cada empresario compite contra sus rivales para hacerse con dichos recursos. Y tampoco ninguno de éstos, tiene garantizado obtener beneficios o, incluso, mantenerse en un punto de equilibrio, a menos que los consumidores opten libremente por comprar voluntariamente lo que ofrecen a la venta.

Lo que se produce y los precios a que se vende son elegidos en última instancia por el público, que "vota" <u>con su dinero</u> los productos o servicios presentados en el mercado.

Se puede objetar que los consumidores tienen, en un mercado libre, un número desigual de "votos" (en términos de la desigual cantidad de dinero de que disponen cada uno).

Sí, esto es cierto, pero no olvidemos que lo que determina la cantidad de "votos", que cada consumidor tiene, es el reflejo de los que ha ganado como productor, al haber suministrado otros bienes que otros consumidores han deseado, a su vez, comprar. Así que cada individuo que participa en la renta de una sociedad, dispone de un número de "votos" acorde a su contribución a la riqueza nacional.

El mercado, cuando no es manipulado artificialmente, es el ámbito de la **libertad**, de la **justicia** y del **progreso** del hombre.

A principios del siglo XX fue el **abuso** por parte del Estado, con sus planes de manipulación y redistribución forzada, lo que dio pie a los enemigos de la libertad y del progreso, a acusar a la democracia de corrupta y antisocial. Sin embargo, no fue la democracia la que en aquel tiempo fracasó. El problema fue causado por la <u>degradación</u> de la democracia. Hoy estamos en lo mismo. Se destruyó en aquel tiempo —y hoy se está volviendo a destruir— la autorrealización del individuo, su responsabilidad y soberanía personal, así como el pluralismo democrático propio del libre mercado.

Parece que ahora, a principios del siglo XXI, al igual que a principios del siglo XX, **los políticos tampoco nos librarán de la "política"**: no tomarán ninguna medida que ponga en peligro su "sistema" y, a la "masa", que se conforma sólo con palabras, se le vende este anti-progreso como progreso, y ¡traga! …

Una larga "travesía del desierto", pues, nos espera. Tenemos crisis para rato ...

XI

¿Y AHORA QUÉ?

Como "colectivo" nos queda una larga "travesía del desierto", ya que, según parece, no hay ni la voluntad ni la valentía para afrontar e intentar solucionar la causa de la crisis. Hay mucho miedo a perder votos, hay mucho miedo a no estar nuevamente en "las listas", como también hay mucho miedo a perder subvenciones, privilegios y prebendas. En general, hay mucho miedo a aceptar las responsabilidades que conlleva la libertad.

Sin embargo, así como "colectivo" nos espera una época muy dura, a nivel individual, no sé cómo, estoy convencido de que cada uno acabará encontrando, por donde menos se lo espera, la salida adecuada. Y aquello que parecía tan terrible lo verá, con el paso del tiempo, despojado de su temible aguijón.

Siempre ha sido así y siempre será así. El destino del "colectivo" y el destino "individual" son dos cosas muy diferentes.

Así, pues, no hay por qué desanimarse, por muy incierta que sea la época en que nos toca vivir. De una manera u otra, aunque la sociedad decaiga, como "individuos" saldremos adelante. Eso, los creyentes "de verdad", lo tienen muy claro, pues, si son cristianos (Repito: <u>de verdad</u>):

"¿Por qué estáis con tanto miedo?
¿Es que aún no tenéis fe?

"No temas: solamente ten fe"
(Marcos 5, 36)

"Porque os aseguro que, si tuvierais fe como un grano de mostaza, le diríais a este monte (problema)*: 'Trasládate de aquí a allá', se trasladaría, y nada os será imposible"*

(Mateo 17, 20)

"Cree en mí, y ten confianza en mi misericordia"
(Jn 14, 2)

...o si se acomodan mejor al credo judío (<u>de verdad</u>):

"Hijo, si te llegas a servir al Señor, prepara tu alma para la prueba. Endereza tu corazón, mantente firme y no te aceleres en la hora de la adversidad. Adhiérete a Él. Todo lo que te sobrevenga, acéptalo, y en los reveses de tu humillación sé paciente. Porque en el fuego se purifica el oro, y los adeptos de Dios en el horno de la humillación. Confíate en Él, y Él, a su vez, te

cuidará. Endereza tus caminos y espera en Él". (Ec. 2)

"Descarga tu peso sobre el Señor, y Él te liberará" (Sal 55, 23) ... *"y de todas las montañas hará caminos"* (Is 49, 11)

O, si se inclinan (de verdad) por el islam:

"Realmente os probaremos con algo de temor, de hambre; de disminución de vuestros bienes, personas y frutos. Pero, albricia a los constantes, a aquellos que cuando les aflige una desgracia, dicen: 'Realmente somos de Dios y a Él volveremos' (Corán 2, 148)

"Ninguna desgracia aflige en la tierra, o a vosotros mismos, sin que esté consignada en un Escrito anterior al momento en que os creamos. Esto es fácil para Dios. Lo hace para que no desesperéis por lo que se os escapa, y no os alegréis por lo que os llega". (Corán 57, 7)

"Quien en Dios se apoya, en Él encuentra su recompensa. Dios alcanza sus propósitos, Dios ha dado a cada cosa su destino" (Corán 65, 3)

"A quien cree en Dios, a ése, Dios le da una salida y le sustenta por donde menos espera" (Corán 65, 2)

"¡Sé paciente con lo que llegue! Esto forma parte del desarrollo de los asuntos" (Corán 31, 16/17)

O si se sienten más cómodos (de verdad) con el budismo:

"El secreto de la existencia es no tener miedo. No temas, lo que será de ti no depende de nadie. Sólo en el momento que rechaces toda tutela estarás en libertad." **(Buda)**

O, si son hindúes y confían (de verdad) en las enseñanzas de Krishna:

"¿De dónde proviene este torpe desaliento, indigno de un hombre de noble raza; esa cobardía que te cubre de ignominia y que te cierra las puertas del cielo? Sobreponte a ello con valentía, no eches en olvido tus obligaciones como guerrero, y no vaciles. Pero si olvidando las obligaciones de tu destino te acobardas ante él, faltarás a tu deber, mancillarás tu honor y sobre ti pesará vergonzoso delito. Yérguete, pues, y decídete a luchar. Acepta por igual el placer y el dolor, la ganancia y la pérdida, el triunfo y la derrota, y apresúrate a la batalla de la vida. Recuerda que aquel que se muestra inalterable ante el frío o el calor, en el sufrimiento y en el placer, del todo satisfecho con todo cuanto le acontece; tal devoto es mi protegido y no tiene que tener miedo alguno." **(Bhagavad-Guita.** Cantos II-XII)

O, si les inspira (de verdad) más el taoísmo, también tienen dónde escoger:

"Las personas íntegras se apoyan en una 'columna' que nunca se conmueve, viajan por un 'camino' que nunca está bloqueado, se alimentan de una 'fuente' que nunca se agota, y aprenden de un 'maestro' que nunca se muere. Tienen éxito en todo lo que emprenden, y llegan a cualquier parte a donde se encaminen. Hagan lo que hagan, aceptan su destino y pueden caminar junto a la confusión. La calamidad, la fortuna, el beneficio y el prejuicio no pueden alterarlos." (**Lao Tsé**. *Wen-Tzu* 32)

"No te alteres, no te espantes; todas las cosas se aclararán por sí mismas. No te incomodes ni te asustes; todas las cosas se ordenarán por sí mismas." (**Lao Tsé** *Wen-Tzu* 38)

"El Camino consiste en enderezarse a sí mismo y esperar la dirección del destino. Cuando va a llegar un momento, no puedes salir afuera a saludarle y traerlo hacia ti; cuando un momento va a abandonarnos, no podemos detenerlo y hacerlo regresar. Por ello, los sabios no son ni ambiciosos ni apocados. Quienes realizan el Camino no están confusos, quienes conocen el destino no están preocupados." (**Lao Tsé**. *Wen-Tzu* 61)

Los "creyentes" tienen la suerte de confiar en que su presencia en este mundo de dificultades, y su combate contra ellas, tiene un sentido y, aunque bien, bien no lo "capten", no por ello dejan de creer en ello. Para eso tienen fe. Saben que la vida, en el fondo, es un permanente desafío hacia la auto-regeneración y saben que, si toman este camino de esfuerzo, con confianza y valentía, tendrán "protección" asegurada.

Para ellos, pues, su travesía del desierto será más llevadera que para los no-creyentes. Sin embargo, a unos y a otros la vida les exige lo mismo: paciencia para aceptar el destino y valentía para afrontarlo con diligencia y dignidad para poder seguir, a pesar de las circunstancias, mejorando como personas.

Así, pues, tanto si estamos en paro como si no, si las cosas nos van bien o nos van mal, si son más difíciles o menos difíciles, tenemos la obligación, aunque sólo sea por dignidad, de sobreponernos al desánimo y seguir "prosperando", si no en bienes materiales, sí como personas, formándonos, estudiando, aprendiendo algo nuevo: ya sea un idioma, una nueva profesión, una nueva habilidad o/y profundizando en el conocimiento de la Informática e Internet, pues, en este campo, como en todos, siempre queda algo nuevo por conocer y aprender, etc.

De manera que, si el intercambio de bienes transferibles se reduce a mínimos, ello no es excusa para no trabajar y seguir "prosperando" en bienes *intransferibles*. Eso también es un asunto "económico".

Los bienes intransferibles

Hay una gran cantidad de cosas que, para cualquiera de nosotros, son de mucho "valor", y por buenas razones. Valoramos cosas como hacer deporte, estar con los amigos, cantar, bailar; valoramos leer, estudiar historia, aprender a tocar un instrumento, como el piano o la guitarra, o valoramos ver una hermosa puesta de sol.

Valoramos tener tiempo para relajarnos, para poder disfrutar del silencio, para dedicarlo a una amistad o a un romance, o para emplearlo en cualquier otra relación personal positiva.

Valoramos nuestra salud, nuestro estado de forma, nuestra independencia, nuestros conocimientos, nuestras habilidades, así como muchos otros rasgos personales.

Todo este "patrimonio", junto con las cosas materiales, tiene un muy valioso potencial para mejorar nuestras vidas. Ambos son "bienes" en el sentido económico, y ambos pueden (y deben) ser legítimamente perseguidos para satisfacer nuestros deseos de vivir una vida buena y completa.

Algunas de estas cosas de "valor" son enajenables, es decir, podemos transferirlas a otras personas. Por ejemplo, podemos dar un reloj o una bicicleta a otra persona, o incluso podemos pagarle un safari a Kenia. Sin embargo, hay muchas cosas, muchos bienes, in-enajenables ya que no podemos transferirlos a otras personas. No podemos transferir nuestro tiempo, nuestra actitud ante la vida, nuestra salud, nuestra personalidad, nuestro carácter, nuestra madurez, nuestra paciencia, nuestro sentido del deber, nuestra generosidad, etc. Y, por supuesto, desgraciadamente, los demás tampoco pueden trasferirnos este tipo de bienes.

Ahora bien, aunque este tipo de bienes in-enajenables no puedan ser transferidos a los demás, no significa que sean innatos. La mayoría de estos bienes requieren mucho tiempo y mucho esfuerzo para ser "adquiridos", como la educación, el carácter, el sentido cívico, la responsabilidad, la formación, el conocimiento, y otros "avances" personales.

Así, pues, a pesar de que no podemos adquirir este tipo de bienes comerciando con los bienes que pueden ser transferidos en el mercado, no obstante, hemos de tomar la decisión de "invertir o no" el suficiente tiempo y esfuerzo que requiere su adquisición. Y esa decisión también es un asunto económico, ya que la economía se ocupa de cualquier proceso de cambio, incluido el "cambio dentro de nosotros mismos".

Como decía el gran Epíteto, *"al hombre se le puede arrebatar todo, salvo una cosa: la última de las libertades humanas, la elección de su actitud personal ante cualquier tipo de circunstancias"*

Trabajar y concentrarse en ese tipo de bienes in-enajenables es lo que, en esta época tan difícil para los bienes enajenables, me atrevería a aconsejar a aquellos lectores que han tenido la paciencia de seguir mis reflexiones hasta aquí.

La ideología actual, tanto política como intelectual, pretende quitarnos ambos tipos de bienes ya que ellos creen ser los únicos depositarios y administradores de ambos. Sin embargo, por mucho que quieran, los bienes in-enajenables son los únicos que —si nosotros no queremos— nunca nos los podrán quitar. Hacer "prosperar" este tipo de bienes es nuestra responsabilidad y nuestra verdadera riqueza. En este ámbito no cabe el desánimo.

Barcelona, abril, 2010

ricardobeleta@yahoo.es

POST SCRIPTUM

Deja de tratar de controlar.

Déjate de 'grandes planes y proyectos',
y el mundo se gobernará a sí mismo.

Cuántas más prohibiciones tenga la gente,
menos virtuosa será.

Cuánta más armas tengas,
la gente menos segura estará.

Cuantas más subvenciones des,
menos libres e independientes serán.

Deja ir a la economía y la gente prosperará.

Deja ir la religión y la gente se serenará.

Deja partir todo deseo de 'bien común',
y el bien común aparecerá

Lao Tsé
siglo IV a. C.